Collection
AIDER LA VIE
sous la direction de Robert Laffont

Apporter un réconfort; affirmer que la main tendue est la seule attitude qui vaille ; communiquer une joie possible ; aider les autres à trouver un sens à leur vie... *Aider la vie* : voilà le désir qui anime la collection qui porte ce titre. Avec, pour moi, l'envie d'essayer d'apporter au public quelque chose de plus, par la seule voie que je connaisse, qui me convienne et que j'aime, le livre.

Une tâche que je persiste à ne pas croire utopique. Car, comme je le disais en présentant le premier ouvrage paru dans la collection, si seulement quelques êtres retrouvaient, par la lecture, le fil du chemin perdu, mon but serait atteint : l'important, c'est bien ce partage-là.

R.L.

[illegible]

sont [illegible]

[illegible]

[illegible]

COLETTE VICTOR

LE CŒUR D'UN COUPLE

ROBERT LAFFONT

ISBN 2-221-08391-1

À Paul-Émile,
à notre fils Teva,
et à ses frères et sœur,
à Jean-Christophe, à Daphné et à Stéphane,
et à tous ceux que nous aimons
et qui nous aiment.
À tous les couples.

Remerciements

Je remercie mes amis, ma famille spirituelle, Daniel et Marie Monconduit sans qui ce livre n'aurait jamais vu le jour, François, Charles, Nouchka, Patrick et Laurence, Stan et Cybèle, Arnaud, pour l'aide qu'ils m'ont prodiguée. Je remercie également Robert et Hélène Laffont qui m'ont soutenue et fait confiance.

Avant-propos

Paul-Émile chéri,

Me voici enfin, comme tu me l'as demandé tant de fois depuis ces dix dernières années, devant cette fameuse feuille blanche ; tu me disais de m'asseoir et tu ajoutais : « Écris, écris ce qui te vient, tout et rien, ce qui te passe par la tête, mais fais-le au quotidien, aux mêmes heures, comme un exercice, et tu verras que les mots viendront d'eux-mêmes, se présenteront à toi sans effort. Il faut que tu écrives. »

Combien de fois ai-je voulu te faire plaisir, mais il me semblait futile d'ajouter une histoire de plus au lot déjà considérable de ceux qui écrivent la leur. Aujourd'hui, seulement deux ans après, je trouve un sens à ce que tu me demandais. Oui, me voici prête devant toi, parce que aujourd'hui le but n'est plus le même. Il ne s'agit pas de raconter notre long parcours ensemble, main dans la main, chevauchant les obstacles de la vie ; il s'agit de raconter ce que jamais nous n'aurions alors imaginé.

Toi, l'irréductible, l'inconditionnel mécréant, qui te référais toujours à la science, seule maîtresse des preuves – « tant qu'on ne pourra le prouver, je ne le croirai jamais : il n'y a rien après la mort », affirmais-tu à qui voulait l'entendre. Ce qui te valut un volumineux courrier suite à la parution de tes déclarations dans les médias. Comme pour te convaincre face à ton implacable conviction, de nombreux livres religieux t'étaient adressés, et même des pirogues de missionnaires débarquaient comme aux temps anciens pour te convertir. En vain...

Et pourtant, en 1993, lorsque tu t'es retrouvé à l'hôpital Mamao pendant quelques mois et que, sans doute pour la première fois, tu as entrevu la mort, tu as écrit un texte digne d'un mystique : Je pars dans le vent. *Tu y évoquais cet « après-vie », non plus comme un rêve réservé aux croyants, mais comme une possibilité à expérimenter.*

J'ai eu du mal à croire qu'il émanait de toi. Aujourd'hui, il prend tout son sens, car, là-haut, tu fais résonner la voûte céleste pour te faire entendre. Non seulement je t'entends, je te vois, je te sens, mais je souhaite transmettre cette force à d'autres.

J'ajoute ainsi mon témoignage à tous ceux qui m'ont précédée dans cette tâche en de nombreux et magnifiques ouvrages sur le sujet, pour venir en aide à ceux qui cheminent sur la voie du couple comme à ceux qui souffrent de la perte d'un être cher, dans l'espoir que ce livre soit une petite pierre de plus apportée à l'édifice de la foi, dans la joie de l'amour, dans la spirale de l'infini.

1

Le cœur dans le ciel

L'important n'est pas tant d'être aimé,
d'avoir Dieu dans son cœur,
mais d'être dans le cœur de Dieu.

Le soleil était torride, l'air écrasant, anormalement lourd dans un ciel sans nuages, d'un bleu limpide ; on aurait dit que le temps était suspendu. Amarré au quai d'honneur de Bora Bora, le navire de la Marine nationale, le *Dumont-d'Urville* – nom de l'explorateur et découvreur de la terre Adélie en Antarctique – nous attendait. Au centre de l'immense plate-forme arrière, sur une estrade, reposait le cercueil de « P.E.V. » entouré de quatre marins au garde-à-vous.

Durant plus d'une heure, les Polynésiens vinrent lui rendre un vibrant hommage : les enfants des maternelles, des écoles et des collèges, de nombreux amis de toutes les îles ainsi que les membres de l'atelier d'art Paul-Émile Victor tous vêtus de paréos blancs, torse nu, selon la coutume maori pour honorer les morts ; il y avait aussi des amis de France et bien des anonymes venus de très loin. On sentait en chacun d'eux une émotion immense et sincère, un profond recueillement.

Avant de quitter le quai pour l'immersion en haute mer, je souhaitais ardemment transmettre cet espoir et ce défi que Paul-Émile adressait à tous ses amis. À cet instant où j'allais lire *Je pars dans le vent*, j'entrais dans un sentiment d'une gravité extraordinaire car il allait rendre chacun témoin d'une promesse hors du commun.

Je pars dans le vent et probablement vers le néant.

Mais si ce néant s'avérait être trésor, je me battrais contre les puissances des ténèbres pour faire entendre ma voix enrichie de cette expérience nouvelle, pour vous dire la promesse que j'aurais arrachée au silence.

Afin que vous sachiez que mon cœur est devenu plus riche, mon âme plus universelle.

Que vous sachiez qu'après il y a quelque chose, autre chose.

Autre chose qui ne peut être que Dieu, qui est en réalité Vous.

L'homme matériel que nous sommes ne peut l'imaginer, et encore moins l'appréhender.

Mais je me battrai.

Je n'ai pas peur de mourir. C'est le destin de tout ce qui vit, et qui ne vit que parce que la mort en marque la fin.

Mais ce qui me navre – ô combien! –, c'est de m'arrêter d'aimer. L'important n'est pas tant d'être aimé, d'avoir Dieu dans son cœur, mais d'être dans le cœur de Dieu.

Ainsi l'amour n'est-il plus un sentiment ponctuel, égocentrique, mais universel. Il englobe tout autour de soi et, plus que tout autre sentiment, apporte la plénitude, le calme, la joie, le bonheur, la compréhension et la tolérance, mais aussi l'enthousiasme, la rage de vivre.

Tout le monde resta stupéfié. Chacun attendait un appel vibrant au respect de la nature mais pas un défi spirituel !

J'aurais pu avoir peur, mais je restais sereine, intimement convaincue que quelque chose allait se passer, un signe.

Le navire quitta le quai sous un soleil de plomb, au point que les quatre marins volontaires qui encadraient, au garde-à-vous, le cercueil, sans couvre-chef et en uniforme, s'évanouissaient les uns après les autres. La chaleur accablante, l'absence du moindre souffle d'air, l'océan d'huile nous donnaient le sentiment d'être en dehors du temps. La lourde structure métallique du *Dumont-d'Urville* emprisonnait cette chaleur. Nous étouffions et avions l'impression de coller au métal du pont.

Dans l'intimité d'un recueillement, de petits groupes se formaient. Isolée et proche de chacun, je regardais les quatre enfants de Paul-Émile, et il me sembla alors l'entendre : « Tu verras, tu pourras compter sur eux, mes enfants sont bien. » Je repensais au serment d'union que nous avions tenu à faire autour du cercueil de Paul-Émile juste avant le départ du bateau. À ce moment-là, j'avais d'ailleurs voulu étendre à tous ce sentiment, en demandant à ceux qui restaient sur le quai et à ceux qui allaient nous accompagner durant la traversée de se donner la main. Une impression d'harmonie totale et indicible ne m'avait pas quittée.

Lorsque soudain, avertie par ma nièce, Anne, je levai les yeux au ciel dans la direction qu'elle m'iniquait. Je vis alors, incrédule puis bouleversée, le signe éclatant que Paul-Émile nous envoyait de l'au-delà. Dans l'immensité de ce ciel dégagé, un seul nuage dessinait les contours parfaits d'un cœur entouré d'une spirale. Le centre du cœur était le ciel même, d'un bleu vertigineux, et son contour était blanc comme la neige de l'Antarctique. C'était prodigieux ! Il émanait de ce cœur une incroyable volonté de communiquer ! Il semblait nous ouvrir à une autre dimension.

Ce cœur dans le ciel resta intact toute l'heure que dura notre voyage jusqu'au point d'immersion, ce qui est déjà en soi un pur miracle, car un nuage isolé est généralement un phénomène assez furtif dans les îles Sous-le-Vent. Tout le monde sur le bateau en fut témoin, et mon neveu, qui, malgré l'interdiction, avait emporté un appareil photo et une caméra, put même le photographier et le filmer. Les journalistes, furieux d'être tenus à l'écart et contraints par la Marine nationale de se tenir à distance du *Dumont-d'Urville*, ne durent sans doute pas le voir tant leurs objectifs étaient immuablement fixés sur le cercueil de Paul-Émile.

J'étais exaucée. Depuis toujours, je n'avais cessé de demander à Paul-Émile de m'envoyer un signe le jour de sa mort, attestant par là qu'il y a continuité. Mi-sérieux, mi-dubitatif et moqueur, il me répondait : « Oui, oui, je t'enverrai un lustre sur la tête ! » Ce petit jeu dura des années. Enfin, il me jura que, dans la mesure de ses possibilités, il m'enverrait un signe aussi gentil que possible.

Toi qui disais :

« Il n'y a rien après la mort... »

Toi qui t'obstinais dans tes convictions, qui affirmais : « Tant qu'on ne pourra rien prouver scientifiquement... »

Étonnant, tout de même ! Toi l'explorateur toujours prêt pour de nouvelles aventures, te rappelles-tu de cette réunion entre amis où cette question te fut posée :

« Si vous aviez la possibilité de partir demain sur Vénus sans espoir de retour, iriez-vous ? »

Et tu avais répondu sans hésiter : « Oui ! » Et à la question suivante : « La mort n'est-elle pas une nouvelle aventure sans espoir de retour ? » tu avais répondu, là encore sans hésiter : « Non, car, pour moi, la mort, c'est le néant ! » Moi qui toute ma vie avais essayé de te convaincre, de te faire admettre des signes dont tu réfutais toujours l'existence... Et, maintenant que tu explores cette mort, tu fais tout pour nous dire qu'elle n'est pas le néant. Et si tu as pris ton plus joli pinceau pour nous dessiner un cœur, ne veux-tu pas avec ta force de conviction habituelle nous hurler par là : « Oui, je crois. Oui, je suis heureux. Oui, je t'aime. Oui, je vous aime. L'amour ne meurt pas, il est le but ultime de la vie. La mort est illusoire, l'esprit demeure. En voici une preuve éclatante » ?

Sur le navire, je contemplais, radieuse et rayonnante de bonheur, ce symbole le plus simple et le plus poétique de l'amour infini. Même un enfant aurait pu le comprendre. C'était un cri de victoire, un élan de joie que chacun pouvait recevoir en son cœur. Jamais je n'aurais pu imaginer un message plus clair, plus tendre et plus évident. Par ce signe, je comprenait que Paul-Émile nous rappelait que le lien le plus profond entre les êtres, le ciel et la terre, les vivants et les morts, et d'autres dimensions est l'amour. Comme il s'y était engagé, il avait arraché au silence l'irréfutable preuve d'une continuité par-delà la mort terrestre : le néant se révélait enfin trésor.

Avant l'immersion, la Marine et les officiels rendirent un hommage national à Paul-Émile. L'amiral rappela à chacun l'héritage historique que Paul-Émile a laissé à son pays : les Expéditions polaires françaises, la construction de la base française de l'Antarctique de la terre Adélie, les nombreuses expéditions internationales au Groenland. J'étais heureuse pour mon mari que cet hommage lui soit rendu tant je savais qu'il avait consacré sa vie entière à son pays. Contrairement à d'autres, il avait toujours refusé les offres extrêmement avantageuses de pays étrangers, dont les États-Unis. Au-delà de cet hommage, c'en était un à sa liberté, qu'il avait toujours su défendre grâce à sa fidélité et à son intégrité. Il avait même refusé le poste de ministre de la Jeunesse et des Sports proposé par André Malraux car il savait qu'il était plus important pour la France qu'il défende sa place et sa légitimité dans l'Antarctique. Il savait par ailleurs déjà, au fond de lui, que la jeunesse aurait besoin plus tard de ces espaces vierges et protégés. Il fut l'investigateur du traité de l'Antarctique qui désormais protège cette région de toute convoitise quant à l'exploitation des richesses du sol, créant ainsi une aire internationale de paix.

Après ce discours, le pasteur pria et déposa délicatement une fleur de tiaré – symbole de Tahiti – sur le drapeau bleu, blanc, rouge qui drapait le cercueil. S'ensuivit une salve d'honneur. Vint le moment gravé à jamais de ma vie et solennel du glissement du linceul dans l'immensité du grand bleu de l'océan Pacifique.

Dans la plus grande émotion, chacun retint son souffle. Comme pour nous soustraire à notre chagrin arriva une joyeuse bande de dauphins qui exécuta alors un ballet d'une grâce inouïe. Se réalisa ensuite une légende polynésienne : un grand requin se joignit à la bande de dauphins, s'unissant exceptionnellement à eux dans leur ballet. Aux yeux des Polynésiens, cela signifiait que son âme était en paix.

Ainsi, chacun dans sa culture recevait un signe symbolique. Accoudée au bastingage, l'assemblée jeta à l'océan dans le sillage de Paul-Émile de somptueuses couronnes blanches de fleurs de tiaré. Celle lancée par notre fils Teva prit aussitôt la forme d'un cœur. Ce fut un moment magique où tout semblait vouloir nous parler dans une harmonie au-delà du langage ! Le destin terrestre de Paul-Émile était accompli : libéré de la souffrance, il nous entourait de son amour.

Trois jours après sa mort, Luiza, une amie tahitienne, me téléphona : « Colette, j'ai vu Paul-Émile. Si tu savais ! Il était si beau, étincelant de lumière. Ses traits rajeunis rayonnaient de bonheur ; il était en paréo et chemise bouffante bleus. Il était dans toute la maison ; j'aurais voulu être artiste pour pouvoir le peindre et l'éterniser sur une toile. »

Pantelante d'émotion, à demi évanouie, je savais que ce qu'elle disait était vrai. Comment, à trois cents kilomètres de là, pouvait-elle savoir que je l'avais habillé ainsi ? Mais Paul-Émile connaissait bien Luiza pour l'avoir souvent taquinée sur ses dons médiumniques et ses supposés contacts qu'elle disait avoir eus avec les morts. Il se faisait sans doute pardonner !

Plus que jamais je crois en la parole de saint Jean : « L'amour est plus fort que la mort. » Paul-Émile, grâce à ce cœur dessiné dans le ciel, m'a permis de passer de la foi à l'expérience directe. L'amour, qui nous donne la force de surmonter les obstacles bénins ou les accidents graves de cette vie, nous offre la possibilité de garder le contact avec l'esprit de ceux que nous aimons, qu'ils soient proches ou loin, vivants ou morts.

Je savais depuis longtemps que la vie ne commence pas à la naissance et ne s'arrête pas à la mort, mais l'amour de Paul-Émile réserve une surprise et un tel émerveillement.

C'est donc transformée que je rentrai sur notre îlot. Je n'avais jamais douté de l'au-delà ; mais, en même temps, j'étais transportée par l'immense joie d'avoir reçu un signe si tendre et si bouleversant de l'homme que j'aimais, le jour même de notre apparente ultime séparation.

2

Ma jeunesse

Petite dernière d'une famille de douze enfants, je suis née d'un père aventurier dont l'unique passion était de voyager de par le monde en quête d'aventures toujours plus fortes, renouvelées et audacieuses.

Ma mère et lui avaient été unis par le lien du mariage par simple convenance et par arrangement selon les principes et les traditions des grandes familles du nord de la France à cette époque. L'amour n'y ayant que peu de place, leurs deux familles se portaient, de fait, garantes d'un heureux et fécond mariage.

Épris de liberté, mon père fut attiré par l'Amérique ; son rêve était d'y établir un élevage et de dresser des centaines de chevaux sauvages qui feraient pâlir de jalousie nos plus grands héros de westerns hollywoodiens.

Il y partit, n'en revenant qu'une fois l'an pour accomplir ses obligations familiales et devoirs conjugaux, mettant systématiquement ma mère enceinte chaque année, ce qui épuisa sa santé déjà fragile et occasionna dépression sur dépression, l'entraînant peu à peu à devoir confier tous ses enfants à des institutions religieuses.

Fils d'une famille de gros industriels, mon père hérita très tôt, avec sa sœur jumelle, d'une somme sans doute assez rondelette pour ne jamais avoir à gagner véritablement sa vie, situation qu'il assumait parfaitement ! Sa sœur, religieuse au couvent des Dames-du-Sacré-Cœur à Étaimpuis, en Belgique, avait, elle, fait don de tous ses biens à cet ordre à condition que fussent pris en charge, selon son souhait, les frais de pensionnat de ses neveux et nièces, proposition que mon père accepta immédiatement.

C'est ainsi que dès l'âge de trois ans je fus séparée de ma mère. Accompagnée par ma sœur Christa, de cinq ans mon aînée, je fus plongée dans le terrible univers d'une « prison-pensionnat » cernée de hauts murs sinistres, dont les geôliers étaient trompeusement appelés « bonnes sœurs » et appliquaient avec cruauté les règles dites de bonne conduite. Nous ne pouvions compter que sur nous-mêmes pour ne pas sombrer dans le désespoir.

Dans l'immense dortoir constitué d'une cinquantaine de lits, nous étions gardées par une sœur dormant au centre sous une tente formée par quatre draps, telle une araignée au milieu de sa toile. Chaque nuit, j'étais hantée par des angoisses et des cauchemars de petite fille sans maman ; j'appelais alors très doucement ma sœur Christa au secours pour ne pas alerter notre gardienne, sachant qu'elle était intraitable, et je venais me réfugier subrepticement dans son lit. Elle m'accueillait gentiment contre elle, et nous nous apaisions mutuellement, étouffant ainsi notre détresse.

Cependant nous n'échappions jamais à l'œil exercé et à l'ouïe malsaine de notre garde durant ses tours d'inspection nocturnes, ni à sa brutalité lorsqu'elle nous arrachait l'une à l'autre pour nous séparer, y voyant sans doute, même à nos âges, le spectre du péché.

Nous ne pouvions voir nos parents qu'une fois l'an, aux grandes vacances. Pour Noël et Pâques, nous étions toujours assignées au couvent.

La France d'alors était envahie par l'armée allemande, et les vivres se faisaient rares. Au réfectoire, chacune d'entre nous, ne pouvant avaler la nourriture immonde qu'on nous servait, tentait de la faire glisser sur ses genoux dans les feuilles de cahier, pour courir ensuite dans les cabinets, que nous abordions avec dégoût. Ce coin, flanqué d'un trou dans une simple planche, regorgeait de gros vers blancs ignobles qui nous donnaient des haut-de-cœur.

Nos récréations ressemblaient à des punitions car on nous obligeait à ramasser, munies de cornets de papier, les doryphores sur les plans de pomme de terre des champs environnant le couvent. Au coup de sifflet, nous regagnions nos classes.

Chaque matin, aux aurores, les sœurs nous imposaient le lever du drapeau tricolore français, et nous devions chanter l'hymne à la gloire du maréchal Pétain.

Par une faveur spéciale de la Croix-Rouge française accordée à cinq d'entre nous, dont ma sœur et moi, nous nous retrouvions le dimanche, impatientes, devant un bol de lait chaud sucré qui nous faisait monter les larmes aux yeux de bonheur, au souvenir d'une tendresse maternelle absente. Aujourd'hui encore, cinquante ans plus tard, un lait chaud calme mes insomnies.

Mes parents habitaient dans la France libre, en Gironde. Nous les rejoignions donc pour les vacances d'été. Mais, à la fin de celles-ci, il nous fallait retourner à notre pensionnat, en Belgique, à plus de mille kilomètres. J'avais alors six ans, ma sœur en avait onze, et nos parents nous laissaient seules traverser la France occupée dans un autocar en cette période de guerre. Je me rappellerai toujours l'année 1939, car l'hôtel dans lequel nous avions l'habitude de passer la nuit, à Auch, avait était réquisitionné par l'armée allemande.

Le patron, envahi par une foule d'Allemands en uniforme, nous refoula. On se retrouva en pleine nuit dehors, devant cet hôtel, sans savoir où aller. Sans doute pris de remords, le patron revint vers nous et nous indiqua un couvent où nous rendre seules. Nous avons alors déambulé, apeurées et épuisées, avec nos lourdes valises, dans les rues obscures d'une ville qu'il nous a fallu traverser.

Nous étions arrivées enfin, plus mortes que vives, devant la lourde porte de bois du couvent. Nous frappâmes au loquet et attendîmes qu'enfin la porte s'ouvre. Une religieuse entrouvrit enfin un petit guichet, nous dévisagea, écouta nos explications et nous admonesta de trouver un autre hôtel. Nous ne comprenions pas pourquoi la Maison de Dieu pouvait être à ce point si fermée. Finalement, nous sommes retournées à notre seul point de repère, l'hôtel mobilisé, et avons enfin éveillé la pitié du patron, qui nous emmena chez lui.

En 1943, mon père eut un retournement d'attitude inattendu. Il accepta que nous quittions le couvent pour revenir dans la maison familiale. Mais l'école où ma sœur et moi devions nous rendre alors se trouvait dans la zone occupée, à Langon. Nous devions, pour nous y rendre, traverser la ligne de démacartion. Nous le faisions à bicyclette, ma sœur me portant sur son porte-bagage. Mais, comme ma famille s'était engagée dans la Résistance en faisant passer des gens en zone libre, nous risquions chaque jour d'être torturées ou fusillées.

Lors de l'un de ces passages, ma mère fut prise un jour par les Allemands, qui décidèrent de démonter sa bicyclette. Ils trouvèrent dans l'embout de sa selle une lettre cachée qui heureusement ne révélait rien des dizaines de personnes réfugiées chez nous en attente d'arrivées ou de départs. Elle fut interrogée puis jetée dans la prison la plus stricte de Bordeaux : le fort du Hâ, ignorant si elle en sortirait un jour.

Pendant plusieurs mois, son absence m'angoissa : je ne savais même pas si elle était en vie. De plus, des soupçons de plus en plus forts pesaient sur notre famille, et la bicyclette avec laquelle nous allions à l'école était systématiquement démontée à chaque passage. Mon père vivait également très mal cette menace permanente qui avait réveillé des crises d'asthme aiguës. En effet, il avait été gazé durant la guerre de 14-18 et en avait gardé une grande fragilité respiratoire.

Puis ce fut le moment de la Libération, celle de ma mère, et l'arrivée des Américains en France. Après toutes ces années de souffrance, notre famille décidait de déménager pour le bassin d'Arcachon. L'air des pins des Landes avait été recommandé à mon père. Pour moi, le réconfort tant attendu d'un univers rempli d'affection arrivait enfin. Mais j'avais un besoin tout aussi important, au fond de moi, celui de liberté. C'est ainsi que j'allais faire des dizaines de kilomètres à bicyclette après l'école, éprise de lieux isolés entourés d'air, d'eau, d'espace.

Un lieu particulier m'était cher, c'était une immense plage isolée après les dunes du Pilat. J'avais un besoin irrésistible de marcher, ivre de cet air et de ce vent que je respirais. Les hauts murs du couvent n'étaient plus alors qu'un mauvais rêve, et les frontières semblaient n'avoir jamais existé.

Tant de souvenirs chers à mon cœur ! Tel le son caractéristique des pinasses arcachonnaises revenant de l'île des Oiseaux à l'aube chargées d'huîtres, avec à leur bord des marins vêtus du pantalon de flanelle rouge et de la marinière bleu marine. Ce bassin d'Arcachon me fascinait tant il était beau et sauvage, avec tous ces voiliers qui inspiraient l'évasion.

Les années de mon adolescence allaient ainsi passer, partagées entre l'amour de la vie sauvage et l'affection tant attendue de ma mère.

Très impressionnant par sa taille et surtout par son caractère, mon père était une force de la nature ; il adorait subjuguer ses amis mais ne s'intéressait guère à sa famille si ce n'est pour la contraindre à se soumettre à sa volonté. J'avais dix-sept ans lorsque, toujours pressé de se débarrasser de ses filles, il décida, comme il l'avait fait pour toutes mes sœurs, de me marier. Comme j'étais la seule à lui résister, il me menaça de passer une petite annonce dans *Le Chasseur français*, bien connu, me dit-il, pour réaliser d'heureux mariages. Il n'eut pas le temps de recevoir les réponses qu'un événement de la plus haute importance survint.

L'un de ses amis, grand banquier parisien, l'escroqua d'un héritage qu'il venait de placer chez lui. Écrivant à l'une de mes sœurs, j'eus la malencontreuse idée de laisser traîner cette lettre non cachetée sur une table avant de l'expédier. Après avoir pris connaissance du contenu de celle-ci, contre tout principe, mon père put y lire une petite phrase en anglais pourtant anodine : *« Daddy is a little absent minded. »* (« Papa a été un peu tête en l'air. ») Ce qui me valut d'être mise illico à la porte. Ayant jeté mes affaires depuis le deuxième étage de la maison, mon père me contraignit à ramasser mon baluchon. Expulsée, j'y vis immédiatement un avantage, celui de ne pas avoir à subir sa volonté de me marier à tout prix.

Je me réfugiai chez l'une de mes sœurs, la bien-aimée Ginette, à Bordeaux. Par son intermédiaire, je me présentai, au culot – n'ayant jamais suivi que quelques cours de sténodactylo en français et anglais –, au bureau du major en chef de la base américaine pour l'Europe, l'AFEX située près de chez elle. Je fus acceptée d'emblée, ce qui traça ma présente et future ligne de chance. Devant moi s'ouvrait le chemin de ma liberté !

J'obtins sans le chercher, depuis le jour où je quittai ma famille, un soutien affectif des relations professionnelles qui jalonnèrent ma vie de dix-huit à vingt-six ans. Le major pour lequel je travaillais me prit sous son aile protectrice de pseudo-père et me gratifiait, ainsi que les autres secrétaires, de thés dans son bureau l'après-midi et de petits cadeaux attentionnés lorsqu'il revenait de voyage.

Nous fûmes navrées d'apprendre que bientôt toute la base allait être transférée en Allemagne. Il nous fallait choisir entre la suivre ou démissionner. La troisième secrétaire et moi-même décidâmes derechef d'aller voir de plus près ce pays de cocagne appelé l'Amérique. Mais, pour obtenir des visas de travail pour les États-Unis, il nous fallait attendre un an. Pressées de nous évader, nous avons opté pour un départ immédiat à destination d'un pays limitrophe, le Canada.

Pour la deuxième fois, la chance me souriait : je rencontrai à Montréal le directeur de la plus grande maison de change, mécène, paternaliste avec tous ses employés, dont moi, la petite nouvelle. Grâce à son soutien et à celui de son épouse, je fus projetée dans la haute société : début d'un conte de fées !... Ma vie privée jusque-là avait été plutôt sage.

Je partis pour les États-Unis un an après. J'étais sur une lancée optimiste ; tout me souriait ; New York m'ouvrait ses bras et je m'y précipitai. Les opportunités de trouver du travail étaient relativement nombreuses et me permirent d'obtenir trois emplois en même temps. Hôtesse de l'air, je faisais les New York-

Miami le week-end. Je postulai pour le poste de secrétaire d'un très grand hôtel, qui m'embaucha, et j'ouvris une agence de voyages organisant des charters, au sein de ce même hôtel, avec la permission du directeur.

Je rencontrais énormément de monde, j'étais très courtisée, je sortais beaucoup et menais grand train. C'est ainsi que je rencontrai un jeune scientifique à la renommée mondiale pour ses recherches sur le cancer. Il parcourait le monde en donnant des conférences et faisait l'objet de nombreux articles dans les meilleurs magazines américains. Je vivais avec lui dans son somptueux appartement de Sutton Place et conduisais sa luxueuse Rolls-Royce aux couleurs délicates. Mais son côté narcissique – il adorait voir sa photo imprimée dans les revues les plus en vogue – le rabaissait d'un cran à mes yeux : « Pourquoi un homme dont le métier le pousse à être altruiste a-t-il autant besoin de satisfaire son ego ? », me disais-je.

Ma profession d'hôtesse de l'air favorisa mes aventures amoureuses, qui se multiplièrent. Ce n'était jamais l'attirance physique qui me guidait mais cet appétit de petite fille mal aimée cherchant au travers des hommes à satisfaire sa quête d'absolu.

J'avais ainsi tissé comme une araignée un réseau d'amants éperdument amoureux, de New York à Los Angeles et à Hawaii. Succombaient (sans prétention de ma part), acteurs de cinéma, chanteurs connus... Ils m'ouvraient leur cœur et m'offraient tout à la fois : mariage et fortune, ainsi que des vies passionnantes. Beaucoup se seraient satisfaites d'un seul homme, jeune, beau, riche, intelligent, qui avait tout pour combler les rêves d'une jeune fille.

Profitant de tous et de tout, garce et cependant ne cédant pas un pouce de mon idéal, j'allais pourtant devoir abandonner professions lucratives et amants amoureux.

Ma sœur Christa, avec qui j'avais partagé mes années de pensionnat, perdit son mari, restant veuve avec deux petites filles. Elle avait besoin de moi, de ma gaieté, de mon appétit de vivre et de mon apparente bonne humeur, moi qui étais toujours prête à rire et à m'amuser... Je lui devais un soutien total, tel qu'elle-même me l'avait prodigué quand j'avais trois ans.

Le destin me rappelait.

3

La rencontre

Merci, d'être venue,
un jour,
t'asseoir à côté de moi pour m'offrir ton sourire.
P.E.V.

Renversant les rôles de jadis, je devenais à mon tour la grande sœur protectrice. Je faisais découvrir à Christa l'Amérique, qui m'était devenue plus familière que la France. Commença alors pour nous deux une époque d'école buissonnière. Nous profitions de vols gratuits de ma compagnie, d'appartements mis à ma disposition par mes nombreux amis. Et nos périples nous amenèrent, entre autres, à Tahiti et à Bora Bora, où je vis pour la première fois l'îlot du Motu-Tane, pour ne plus jamais l'oublier.

Ainsi, un an ou presque passa en grandes vacances, où nous étions complices dans l'évasion et l'insouciance comme nous l'avions été jadis dans la détresse. Ce temps partagé nous rapprocha et nous rendit à nouveau inséparables.

Or, voyant mon succès auprès des Américains et entrevoyant un mariage qui me séparerait définitivement d'elle, Christa me lança un nouveau défi : rentrer en France ! À cette époque, tout me semblait possible et ludique.

Je rentrai donc à Paris pour éventuellement y trouver du travail et un logement. Après les appartements magnifiques que j'avais eus aux États-Unis, je ne pouvais revendiquer qu'une petite chambre de bonne pour le même loyer. Or j'avais toujours rêvé vivre sur un bateau, entourée d'espace et d'eau. Et c'est tout naturellement, en visitant les bords de Seine, que je dénichai ma péniche. Mon seul problème était qu'elle se trouvait dans le petit port de Marly-le-Roi et que mes yeux clignotaient sur la berge de Neuilly. Les démarches administratives pour arriver à mes fins étaient vouées à une interminable attente : trente ans, m'avait-on laissé entendre !

Je me plongeai à corps perdu dans toute recherche susceptible de faire amarrer mon nid flottant là où je voulais le placer. Mais cette quête d'une ancre solitaire semblait désespérée à Paris. Alors mes envies d'escapades dans le monde, le désir d'évasion reprirent le dessus.

Une seule idée m'obsédait : retourner à Tahiti. Je me présentai donc à la T.A.I. (Transports aériens internationaux), compagnie privée effectuant les premiers vols de prestige sur la Polynésie. Avec mon fort accent américain, je dus les confondre, car ils m'engagèrent immédiatement.

L'ambiance au sein de la T.A.I. me plaisait, quoique beaucoup plus stricte qu'aux États-Unis.

Mais les voyages sur Tahiti me comblaient de bonheur. Et, un jour, on m'annonça, sur la liste des passagers de première classe, Paul-Émile Victor.

« Paul-Émile Victor ! » m'écriai-je. Des amis m'avaient dit qu'il vivait dans une péniche sur la berge de mes rêves. Je m'y étais d'ailleurs rendue à diverses reprises pour que, grâce à ses appuis auprès des autorités de Neuilly, je puisse enfin obtenir l'autorisation qui me manquait. Mais Paul-Émile Victor n'était jamais à bord. Cette fois-ci, je n'allais pas laisser passer ma chance À mes yeux de jeune fille de vingt-cinq ans, ce fondateur des Expéditions polaires françaises ne pouvait avoir qu'un siècle tant il était devenu un mythe ! Je ne savais comment l'aborder tant il m'impressionnait. Je pris donc une grande bouffée d'oxygène, mon courage à deux mains, et trouvai le moment propice pour me glisser à ses côtés et lui poser la question qui me tenait tant à cœur : « Monsieur Paul-Émile Victor, j'ai acheté une péniche habitation, elle se situe à Port-Marly, j'aimerais tant l'avoir à Neuilly, pouvez-vous m'aider ? »

Amusé, mais cependant très ferme, il me rétorqua : « Désolé, mademoiselle, je ne peux rien faire pour vous. » Alors que j'insistais, ne comprenant pas son refus catégorique, il se fit plus convaincant : « Chère mademoiselle, je n'ai jamais pistonné personne ; ce n'est pas dans mon tempérament, je ne le ferai pas plus pour vous aujourd'hui que demain pour quiconque. Veuillez m'excuser. »

En réponse à son attitude obstinée, je tournai les talons, vexée, me disant qu'il n'était vraiment pas commode, du genre même plutôt mufle !

Mais, à la descente de l'avion, à Tahiti, il me prit à part et me dit : « Écoutez, mademoiselle, aurai-je l'occasion de vous revoir ? » Je lui répondis que je ne le pensais pas. Sur ce, il reprit : « Je pars en Antarctique via l'Australie, mais j'aimerais beaucoup vous revoir, peut-on se donner rendez-vous dans un an ? » Je trouvai cela incroyable, mais, après qu'il eut précisé le lieu et la date, je lui répondis : « Pourquoi pas ? »

Un an après, au lieu et à l'heure dits, il était là ! Je m'en souviendrai toujours. Quand j'arrivai, il était en train de discuter avec un clochard et j'ai trouvé cela très touchant. Ils étaient en grande conversation sur le trottoir, et j'ai pensé que c'était un homme humble et sans prétention.

Notre « lieu commun » étant la Polynésie, il m'avait donné rendez-vous dans la première boîte de nuit-restaurant polynésien de Paris, boulevard Saint-Germain. Cette soirée me permit de passer de mon intérêt obsessionnel concernant l'emplacement de ma péniche à celui de la découverte de sa personnalité.

Je l'écoutais, et, bien que cet homme me parût trop âgé pour me séduire, il me fascinait par son érudition. La soirée se passa à nous découvrir de nombreux points communs tels que ce besoin d'évasion dans l'aventure (sauf que, pour lui, l'aventure était très organisée et, chez moi, toujours le pied levé, très fantasque), l'amour d'une vie simple et anticonventionnelle, ainsi que l'horreur des contraintes sociales telles que cocktails, dîners à chichis, etc.

Des mois passèrent. Je m'obstinais à vouloir le faire fléchir dans sa décision de ne pas me pistonner sans jamais pouvoir l'y contraindre, ce qui, d'ailleurs, lui valut au cours d'un de nos rendez-vous, un « lapin » ! Vexée, je n'allais pas me laisser impressionner par sa notoriété. Il allait s'apercevoir que j'étais une insoumise !

Commença alors une longue période où l'on apprit à se connaître. Il venait souvent me chercher sur ma péniche. Au cours de ces rencontres, je découvrais un homme sans compromis, intègre, et son idéalisme me touchait. Je n'étais pas dupe, je voyais bien en lui un père sublimé, mais j'étais consciente aussi que je découvrais un homme dont les qualités incarnaient mon idéal. Cet idéal de rigueur allait s'exprimer d'une façon aussi inattendue qu'habile, lorsqu'un jour il me déclara : « Je ne peux toujours rien faire pour votre amarrage à Neuilly. Vendez donc votre péniche et venez vivre avec moi ! »

Pour la deuxième fois, depuis notre première rencontre plus d'un an auparavant, je m'entendis lui répondre : « Pourquoi pas ? »

C'est avec un gros pincement au cœur que je me séparai de ma péniche, transformée par mes soins en « vivarium génial et fantaisiste sur la Seine ». Ce fut la proposition très avantageuse d'une comédienne en vogue, pressée de me l'acheter, qui me fit capituler.

Mais, en contrepartie, j'avais maintenant les fonds nécessaires pour acheter l'îlot sauvage du Motu-Tane que j'avais découvert avec ma sœur en Polynésie. La totalité de la vente de ma péniche équivalait au prix de cet îlot. De plus, Paul-Émile le connaissait également, en était amoureux, mais il ne pouvait rassembler les fonds nécessaires. Il m'encouragea donc à l'acheter.

Personne à l'époque n'aurait fait une telle folie. Il fallait être aussi aventureux que l'avait été mon père pour songer à acheter une jungle, taboue aux yeux des Polynésiens, remplie d'interdits, de mystères... et de milliards de moustiques. Ce fut mon choix, et ce serait à refaire, sachant que j'y ai passé vingt-cinq ans de travail acharné, je le referais.

Je m'installai, comme il me l'avait demandé maintes fois, à bord de son « palais flottant », boulevard du Général-Kœnig, à Neuilly. La berge avait été transformée en jardin de roses et un charmant petit sentier menait à un portail donnant sur le boulevard. Nous étions à la campagne au cœur de Paris !

Se créa au cours de notre vie en commun un attachement réel l'un pour l'autre, suivi de son cortège d'hésitations en ce qui concernait notre futur !

Il me disait : « J'ai vingt-six ans de plus que toi, je pourrais être ton père ! De plus, je suis divorcé avec trois enfants, je n'ai pas d'argent, je gagne ce que gagnent les scientifiques, c'est-à-dire très peu ! Même si j'y ajoute mes droits d'auteur, c'est bien maigre ! »

Enfin, il ajoutait : « Je ne veux pas souffrir à nouveau avec toi ce que j'ai souffert de la séparation avec ma première femme. »

Sa souffrance était présente, permanente. Il est vrai que, lorsque je le rencontrai, il était très éprouvé par la défaite de son premier mariage, qui n'avait duré que quelques années et dont il avait eu trois beaux enfants. Le divorce l'avait littéralement brisé, ainsi que son rêve d'une famille unie. Il avait tout pris sur lui avec une très grande noblesse de cœur, mais une terrible souffrance l'habitait à travers cet échec. Il m'écrivit sur cette époque :

Colette,

Pendant des années, j'ai crevé lentement, tu le sais, et ces mots correspondent à une réalité physiologique. J'existais, je ne vivais plus. Tu sais très bien ce que je veux dire par « vivre ». Puis, tu es venue, et par ton amour tu m'as sorti de ce trou sans lumière et sans fond dans lequel je m'enfonçais. Tu m'as redonné la joie de vivre.

Non, tu m'as donné « la joie de vivre », une joie de vivre que je n'avais jamais connue.

Des lettres, Paul-Émile m'en écrivait beaucoup, toutes pleines de poésie et d'amour. Ces échanges étaient d'autant plus importants que nous étions tous les deux de par le monde. J'apprenais à le connaître et le laissais faire sa cour, sans l'épargner... De terre Adélie, il m'écrivait :

il faut que tu apprennes à m'écrire, à me téléphoner, à me tenir au courant pour qu'en pensée au moins je puisse vivre avec toi – c'est très important et tu ne le comprends pas : tu me laisses sur ma soif, sur ma faim de tes nouvelles. Je suis mort de soif, mort de faim de toi.

Un sujet revenait de plus en plus souvent dans nos échanges : le mariage ! Un jour, je reçus cette autre lettre :

Je te demande de devenir ma secrétaire permanente et perpétuelle. C'est une façon idiote de te demander de devenir ma femme.

J'aimais de plus en plus la fragilité qui émanait de ses déclarations, qui me touchait plus encore que ses qualités. Mais des peurs me retenaient, entre autres, la différence d'âge, dont nous discutions beaucoup. Tantôt c'était moi qui le convainquais que cela n'avait pas d'importance, tantôt c'était lui – à sa manière... Il m'écrivait à ce sujet :

L'âge d'or du mariage déterminé par statistique à un récent congrès de psychophilosophie est basé sur l'équation : âge de la femme = 1/2 âge de l'homme + 7. En trichant un peu, on peut considérer que j'ai cinquante ans et toi un peu plus de trente, cela donne 50/2 + 7 = 32, ton âge. D'accord ?

Finalement, c'est par surprise que Paul-Émile me mit au pied du mur. J'arrivais d'un vol de Los Angeles sur Tahiti où je devais le rejoindre. Il avait tout organisé : publication des bans, invitation de la population locale et réception campagnarde avec fromage, charcuterie, vin, pain de campagne qu'il avait fait venir de France par avion. Ce ne fut qu'à la descente de l'avion qu'il me dit : « C'est aujourd'hui qu'on se marie. » J'éclatai de rire, sachant au fond de moi que c'était effectivement la seule manière de vaincre ma résistance.

Notre mariage fut célébré le 1er mars 1965. Il s'ensuivit une gigantesque réception dans sa grande propriété de Punauia, dont, j'en suis certaine, tout le monde se souvient encore aujourd'hui. P.E.V. avait spécifié à toutes les dames de venir en robes *mamaruau* (genre de robe longue de missionnaire très colorée). Chacun devait amener guitares et ukulélés. Tout le monde croulait sous les couronnes de fleurs. Ce fut un véritable festival de couleurs et de gens heureux.

Jeanine, une amie tahitienne, s'était déguisée en Esquimau, portant malgré la chaleur un anorak en fourrure avec son bébé nu dans le dos. Encerclés par les danseuses tahitiennes, les rires, les chants et l'insouciance, nous fêtions notre union comme une ode à la vie.

La réaction de ma famille ne fut pas brillante. Mon père m'accusait de m'être mariée avec un homme beaucoup trop âgé et qui plus est divorcé, ce qui rendait impossible un mariage religieux. Ma mère, catholique pratiquante, abonda dans le même sens. Ils moururent tous deux sans jamais avoir rencontré mon mari, Paul-Émile Victor.

D'une manière générale, nous affrontions régulièrement des regards suspicieux et ironiques. On le prenait souvent pour mon père. C'était une situation difficile mais j'en pris mon parti.

Notre vie commune naissait, tissée de départs et de retours, puisqu'il continuait ses expéditions dans l'Antarctique et que, de mon côté, mes vols sur la T.A.I. vers Tahiti étaient très nombreux. Nous ne cessions de penser l'un à l'autre, de continuer à nous écrire, de nous envoyer de nombreux télégrammes. Nous nous croisions à Paris, lui venant du Grand Nord encore entouré des vents des immensités blanches, moi arrivant du Grand Sud encore imprégnée des couleurs et des parfums exotiques.

J'aimais la pureté de Paul-Émile. Je ne savais pas grand-chose sur la nature de ses travaux. C'est au-devant de l'homme que j'allais ; c'est lui qui m'attirait. Il devait pourtant, bien des années plus tard, me dédier le fruit de toutes ses recherches, son œuvre majeure : *La Civilisation du Phoque*, en des termes qui me bouleversent toujours autant.

Colette,

De 1934 à 1937, tu venais tout juste de naître et tu n'existais pas ni dans ma tête ni dans mon cœur. J'ai travaillé comme un fou pour récolter des dizaines de notes ethnographiques sur la vie des phoques Ammassalimiut. Cinquante ans plus tard, en pensant à toi chaque minute, comme je le fais depuis bientôt trente ans, j'ai travaillé comme un fou pour rédiger comme un fou le volume que voici. Il est donc en quelque sorte le monument, à travers moi, de ta vie, et de l'amour que je te porte depuis toujours. Ce qui signifie que ce travail, qui est le plus grand œuvre de ma vie, t'est dédié.

Chacune de nos retrouvailles était une fête, une célébration intime et secrète, un bonheur absolu.

4

L'épreuve de la réalité

Il ne reste que toi et
l'avenir.
P.E.V.

L'alchimie de l'amour se fait dans le creuset de la réalité. La pierre de touche du réel, des épreuves et du temps est ce qui confère à un couple sa valeur et sa capacité de résistance. Je ne me serais jamais doutée des embûches que nous allions rencontrer, mais j'étais prête à tout. Paul-Émile stimulait en moi ce qu'il y avait de meilleur et, bien que j'aie toujours été énergique, je ressentais une force que je n'avais jamais connue.

Le long chemin qui allait nous conduire imperceptiblement de la grisaille de Paris à la lumière du Pacifique ne fut pas pour autant semé de roses. Les premiers nuages s'amoncelèrent lorsque Paul-Émile s'associa pour affaires avec un certain personnage et se retrouva à avaliser toutes les traites de sa société par amitié. Paul-Émile excellait dans son domaine polaire, mais, dès qu'il s'aventurait dans les affaires, c'était la catastrophe.

Le monsieur en question disparut un jour, et la banque exigea le remboursement intégral des sommes, mettant ainsi P.E.V. dans l'obligation de vendre tous ses biens : la fameuse péniche, sa belle maison de Tahiti où nous nous étions mariés..., tout y passa ! Cruelle naïveté !

Dans ces moments de détresse économique, je me fis plus présente que jamais, lui rappelant que pour nous deux l'argent n'avait jamais vraiment compté. Lui-même réagit avec une grande dignité, mais je sentais bien qu'au fond de lui il s'en voulait de s'être laissé abuser par excès de confiance et, par voie de conséquence, de nous avoir placés dans une situation de précarité.

C'est ainsi que nous avons dû emménager dans une petite chambre de bonne en sous-sol, flanquée de minuscules fenêtres aux grilles épaisses qui donnaient sur les pieds des passants arpentant le trottoir.

Ce lieu, qui n'aurait dû être que morose, fut rapidement transformé par mon indéfectible optimisme et ma volonté de faire bois de toute situation en une adorable petite boîte à bonheur. Je confectionnai moi-même des bibliothèques qui grimpaient du sol au plafond sur les quatre murs, j'installai de la moquette orange, un grand contre-plaqué sur deux tréteaux comme bureau princier pour Paul-Émile, un comptoir bar-cuisine-évier (que je dénichai au rabais dans les entrepôts d'un grand magasin), une minuscule salle d'eau avec installation d'un W.-C. broyeur pour nous éviter d'avoir à nous servir des toilettes communes sur le palier. Tout cela tenait dans vingt mètres carrés. Le bonheur presque parfait, en somme! Si ce n'était la traversée du long couloir sombre qui nous y menait, et dont j'avais osé changer les six lampes blafardes pour des ampoules agrémentées de quelques watts supplémentaires; ce qui me valut de subir les foudres du concierge, alarmé d'une telle initiative qui allait, pour sûr, déclencher une petite révolution auprès des propriétaires de cet immeuble cossu.

Mais ce premier coup du destin ne devait, en fait, que renforcer notre amour. Nous avions vécu dans l'aisance, nous pouvions réduire nos besoins car notre véritable richesse, celle que nul ne pouvait nous dérober, était celle du cœur.

Depuis un moment déjà, notre rêve commun était d'avoir un enfant et de fonder une famille. Donner la vie dans l'amour : quelle jeune femme ne l'a pas rêvé ? C'est peut-être là le plus grand des mystères. Je sentais bien qu'il s'agissait d'un tournant décisif dans ma vie de femme, je me sentais mûre et prête. À mes yeux, un enfant était l'accomplissement d'un couple, et il ne fallait plus tarder à le faire.

Mais le temps passait et je commençais à me poser des questions. J'attribuais tout d'abord l'attente à mon métier d'hôtesse de l'air, avec les vols de nuit, la fatigue, les décalages horaires, que sais-je ? Je songeai à cesser de travailler pour cette raison, car une vie de femme sans enfant me semblait trop triste ; je pensais aussi à la joie qu'en aurait eue Paul-Émile.

Allaient commencer dix années de soins fort pénibles : examens intimes, centaines de piqûres. Des attentes sans cesse déçues. Autant d'épreuves psychologiques pour tous les deux ! Les éminences grises de la médecine firent durer notre supplice au fil des ans, car ils craignaient tous de se tromper, ayant la lourde responsabilité d'une personnalité connue.

Au bout de ces dix années, je décidai de quitter mon métier d'hôtesse de l'air et de passer un dernier examen médical. Le médecin africain que je consultai alors voulut connaître les raisons de ma démission. Je lui expliquai que j'attribuais ma stérilité aux décalages horaires incessants auxquels mon corps était soumis. Il contesta ma conviction et, très sûr de lui, m'affirma qu'il me serait possible d'être enceinte si je prenais d'abord la pilule. Cela me sembla complètement insensé, mais je le fis quand même durant six mois, comme il me l'avait prescrit. Puis je m'arrêtai, espérant désormais le miracle. Un mois plus tard, j'étais enceinte !

J'étais folle de joie mais je restais marquée par tout ce que nous avions dû subir. Je pensais aux autres femmes qui se croient peut-être à tort stériles, à l'argent fou que nous avions dépensé, au temps perdu, aux problèmes psychologiques et aux remises en question, aux tensions, aux inquiétudes et à la peur. Tout ce chemin de croix pour en arriver à un traitement d'une telle banalité !

Mais j'étais enceinte, et notre amour avait finalement triomphé de tout. Pendant tout ce temps, Paul-Émile était auprès de moi ; nous étions à l'apogée du bonheur. Ma grossesse se déroula parfaitement et je me préparais à l'heureux événement, la naissance de notre enfant, dans une joie que je n'avais jamais connue. Ce bonheur-là, je le partageais aussi avec ma meilleure amie, enceinte en même temps que moi, qui allait me faire rencontrer son gynécologue.

Au moment d'accoucher, l'enfant bougeait énormément, et j'en fis la réflexion à l'infirmière présente : « Quelle vitalité il a, cet enfant ! » Tout illuminée par cette idée, je levai mon visage vers elle, et je fus étonnée de n'y trouver qu'un regard désemparé et inquiet !

Le gynécologue n'étant toujours pas arrivé, je me retrouvai dans la salle d'opération, sous anesthésie, et l'on me fit comprendre qu'il y avait une complication. Je me réveillai devant un autre visage bouleversé, celui du gynécologue, contraint de m'annoncer que notre enfant était mort.

Coup fatal du destin ?

La vérité allait être encore plus insupportable, quand j'appris qu'à cause de quelques minutes de retard, liées à la dispersion de ce gynécologue dans plusieurs cliniques de Paris, notre enfant s'était étranglé avec le cordon ombilical. Je réalisai alors que sa vitalité, que j'avais vécue avec joie quelques instants plus tôt, était en fait un combat pour la vie.

Ce combat perdu, Paul-Émile le vécut comme à son habitude, en véritable défi. Il était ce chêne imperturbable qu'il a toujours su incarner, quelle que fût sa souffrance intérieure, qu'il ne montrait jamais.

Petit à petit, pas à pas, avec une extrême délicatesse, la force de son amour me fit basculer du côté de l'espoir. Pour me redonner la vie, il décida de m'entraîner dans le désert africain avec l'un de ses amis qui devait retrouver des cités perdues qu'il avait repérées du ciel en hélicoptère. Cet enjeu symbolique nous fit fouler les sables virginaux du désert pendant plusieurs semaines. Sans doute avais-je ainsi traversé suffisamment d'heures de silence pour avoir envie de réentendre une voix... J'étais à nouveau enceinte.

Vers la fin de ma grossesse, appréhendant naturellement l'accouchement traditionnel des cliniques bondées, j'optai pour la méthode d'accouchement dans l'eau du docteur Frédéric Leboyer qui, bien qu'il fût à ses tout débuts en France, m'avait subjuguée par son approche simple et surtout naturelle. Paul-Émile assista donc à la naissance de Teva dans la grande douceur d'une lumière tamisée ; de ce petit corps détendu sous l'eau jusqu'à l'arrêt des battements du cordon ombilical, tout se passa dans un émerveillement partagé.

La naissance de Teva transfigura à jamais ma vie de femme : je l'avais espéré de tout mon être. Nous avions décidé de l'appeler Teva, car ce prénom, en tahitien, signifie « le dieu des passes du récif », « l'enfant qui vient de loin », « le prince des voyages ». Paul-Émile fut interloqué lorsqu'il demanda à l'employé de la mairie de Neuilly si un prénom tahitien ne posait pas de problème et qu'il se vit répondre : « Pas du tout, je suis tahitien moi-même. »

Un bonheur ne venant jamais seul, Paul-Émile rencontra trois mois plus tard un banquier au grand cœur (il faut donc croire qu'il en existe !) qui, ému de voir le petit studio où nous vivions à trois, nous proposa d'emménager juste en dessous de chez lui, dans un appartement d'une compagnie d'assurances dont le loyer était très raisonnable. Nous nous retrouvions ainsi à Neuilly dans un magnifique endroit donnant sur le bois de Boulogne.

Malgré ce confort retrouvé, nous songions de plus en plus à quitter Paris. La vie parisienne, à l'époque, était déjà très agitée, les gens de plus en plus occupés, indisponibles, dans un perpétuel rush. Je n'avais aucune envie d'élever notre fils dans un tel monde et de le retrouver quelques années plus tard, comme un jeune loup aux dents longues, aussi agressif que les autres, ou comme un égaré dégoûté de tout à force de ne pas trouver sa place.

Paul-Émile continuait à s'occuper des Expéditions polaires françaises qu'il avait créées, mais son désir de ne vivre qu'avec nous ne faisait que grandir. Il sentait venir le temps de transmettre ses responsabilités à ses équipes. Il avait envie de se consacrer à nous et à l'écriture, dans le calme, entreprise irréaliste dans le cadre de la vie parisienne. Une liste des « avantages » et des « inconvénients », des « pour » et des « contre » fut dressée : fallait-il quitter ou non la capitale ? En un clin d'œil, la décision fut prise : direction Côte d'Azur-Saint-Paul-de-Vence.

Nous avons démarré par la construction d'un cabanon en rondins, nous transformant en trappeurs du Grand Nord canadien sur un terrain couvert de petits chênes verts, tout à notre excitation d'un labeur en commun, aimant autant l'un que l'autre le travail du bois, son odeur de résine, les facilités d'aménagement qu'il permet.

Malgré l'enchantement du lieu et le charme de notre nouvelle maison, nous étions loin d'être fixés sur notre lieu définitif de résidence. En fait, nous étions perplexes, car nos diverses tentatives de vivre à la française étaient loin de nous satisfaire entièrement, les problèmes restant les mêmes sur la Côte qu'à Paris, sinon pires : circulation impossible à toute heure du jour et de la nuit, éloignement des amis, immeubles et maisons poussant comme des champignons après la pluie, routes et autoroutes... Nous n'avions aucune envie de retrouver dans le sud de la France les inconvénients qui nous avaient poussés à quitter le nord.

Peu à peu, il nous apparut qu'une solution plus radicale s'imposait : tout quitter pour vivre notre grand rêve, avec notre enfant, en Polynésie. La soif des grands espaces, l'affranchissement des contraintes sociales, l'amour de la nature faisaient partie de nos points communs profonds.

Qui n'a rêvé, au moins une fois, de tout quitter pour la suavité de la lumière des îles ? Quel meilleur environnement peut-on imaginer pour la croissance d'un enfant que la nature intacte ? Et que trouver de mieux pour travailler sans être dérangé qu'un îlot sauvage ?

Notre destin était scellé, et je comprenais mieux alors ce que j'avais pressenti lors de mon éblouissement initial, quand j'avais vu pour la première fois avec ma sœur l'îlot du Motu-Tane. J'étais à cette époque une jeune fille en quête d'un amour idéal ; j'allais revenir sur cet îlot, mariée et mère, pour y passer ma vie avec ma famille. J'éprouvais une joie immense, je ressentais, ainsi que Paul-Émile, l'appel des îles, et, sans sous-estimer la difficulté de cette vie de pionnier dont le désir était chevillé en moi, je me disais que nul endroit au monde n'était plus approprié à notre souhait de paix et d'harmonie.

Notre décision était prise, nous allions partir, faire le grand saut. Nous savions pourtant que l'îlot, toujours sauvage, était encore inhabitable. Au-delà des images de Robinson Crusoé, le travail à y accomplir serait sans doute colossal. Mais, empreints d'une ardeur toute juvénile, habitués à changer de conditions de vie et à nous contenter de peu, nous n'étions pas effrayés par l'étendue de la tâche. Au contraire, nous éprouvions une jubilation sans bornes à la simple idée de nous immerger dans une telle liberté. Rien ne pouvait nous retenir.

La trame du libre arbitre et du destin pouvait continuer à tisser notre chemin avec et au-delà de nous.

5

Motu-Tane, l'île du dieu universel

Décidément, Paris sous la pluie, la neige et la glace,
je le laisse aux canards du bois de Boulogne.
C.V.

Il faut bien savoir que vivre sur un îlot comme le Motu-Tane était strictement tabou à l'époque. Les îlots, ou *Motu*, sont des émergences coralliennes frangeant le lagon. Aucun Polynésien ne s'y attardait passé quatre heures de l'après-midi car les légendes disaient qu'ils étaient la demeure des esprits et que quiconque y passait ne serait-ce qu'une nuit encourait de graves dangers. Nous fûmes les premiers à tenter l'aventure.

Le Motu-Tane signifie, en tahitien, l' « île du Dieu universel. » Au-delà de ce nom magnifique, cet îlot de quatre hectares avait la réputation d'être un nid à moustiques à la végétation impénétrable. Dès le début, ce fut un labeur inimaginable de quinze à dix-huit heures par jour. Je travaillais le plus souvent seule, aidée parfois de quelques travailleurs tahitiens. Le sol des îlots comme celui-ci était essentiellement composé d'agglomérats de coraux décomposés, siliceux, pauvres. Ne poussait sur ses rivages qu'une végétation peu exigeante, tels les cocotiers dont les noix venaient s'échouer sur le rivage après des mois de traversée en mer. D'autres foisonnements de plantes échouées s'adaptaient fort bien, à en voir le résultat que nous y avons trouvé..., une jungle inextricable !

Une bonne vingtaine de variétés de plantes y croissaient abondamment, pour la plupart non comestibles. D'autres, comme le *pia*, amidon végétal, pouvaient être utilisées pour confectionner les fameux desserts polynésiens à base de fruits et de lait de coco appelés *poe*.

Il fallait défricher à longueur de temps : le climat fort chaud toute l'année et les nuits parfois pluvieuses favorisaient la prospérité de cette jungle. J'avais à peine fini de débrousser cent mètres carrés qu'en me retournant je pouvais voir la végétation repousser. Chaque arbre sauvage faisait tomber des centaines de graines qui, à peine au sol, germaient et donnaient aussitôt de petits arbrisseaux qu'il fallait arracher rapidement sous peine de ne plus avoir la force de les extirper par la suite, et cela, sans fin. J'accélérais sans cesse le rythme de mon travail et, agacée, me relevais souvent la nuit pour continuer au clair de lune.

Au bout de deux ans de ce défrichage harassant, un tiers environ de l'îlot était à peu près en état pour commencer à envisager quelques plantations fruitières. Le seul problème, et non des moindres, était d'aller chercher de la terre fertile sur la grande île de Bora Bora. Je partais ainsi en véritable expédition, dans le lit des rivières, à flanc de montagne, à bord de ma Méhari ou à pied, munie d'une demi-douzaine de sacs de cinquante kilos que je ne pouvais remplir qu'à moitié pour pouvoir les transporter. Je devais ensuite les charger sur mon embarcation juqu'au Motu-Tane et, là, je transportais la terre à l'aide d'une brouette jusqu'au centre de l'îlot. Il fallait, pour planter un arbre fruitier, creuser un trou pour le remplir d'une tonne de terre fertile ! Nous finîmes par être récompensés de mes efforts en voyant croître une petite production : avocatiers, pamplemoussiers, citronniers, manguiers, arbres à pain, corossols, caramboles, papayers. J'appris ainsi une foule de choses passionnantes. Le fait est que lorsque l'on s'intéresse à la nature elle vous le rend bien.

Paul-Émile était convaincu, contrairement aux Tahitiens, qu'il y avait de l'eau douce sur les îlots. Il fit quelques calculs amusants que je serais incapable de rapporter, mais je le vois encore comme un magicien avec un bâton dans l'eau, calculant des hauteurs par rapport au niveau de la mer et concluant avec autorité qu'il fallait creuser un puits en plein centre du Motu. Et, miracle ! nous sommes tombés sur une nappe phréatique formée d'eau de pluie et de celle du lagon arrivant là par filtrage naturel.

Nous commencions à étonner nos amis tahitiens qui, encore très superstitieux, furent des années à nous observer avec méfiance et crainte, nous croyant investis d'un pouvoir surnaturel pour avoir résisté aux assauts maléfiques de leurs *tupapau* (fantômes de leurs ancêtres).

La Polynésie, par un fait tout à fait extraordinaire, ou parce qu'elle est justement la privilégiée des dieux, n'abrite aucun animal ou insecte dangereux (tels que serpent venimeux, veuve noire, scorpion, etc.), mis à part le cent-pieds dont les piqûres ne sont pas mortelles ou la rascasse, dénommée *nohu*. Par contre, il y a des fléaux fort désagréables, le moustique ou, pis encore, le *nono*, minuscules par leur taille mais gigantesques par leur nuisance. Heureusement, les moustiques ne se déplacent pas sur l'eau de mer. Paul-Émile eut donc l'idée de construire notre chambre à coucher sur pilotis dans le lagon. Il en fit les plans et s'acharna à la rendre typiquement polynésienne avec une toiture en feuilles de cocotier tressées. L'ajout de larges perches plantées dans l'eau entourant l'ensemble de la construction lui donna un aspect « vieux pêcheur » qui convenait à nos âmes de pionniers des îles. À l'époque, l'habitation d'une famille polynésienne traditionnelle était constituée de quatre *faré* : le *faré* principal, le *faré tutu*, le *faré pape* et le *faré taoto*. Le *faré* principal abritait la vie collective, très animée par de nombreux enfants et le passage de tous les membres de la famille, qui, à l'époque, était la base de la société polynésienne. Dans le *faré tutu*, les *mama* préparaient les repas composés de fruits de l'arbre à pain, de poisson, de petits cochons, de légumes et de tubercules comme les ignames et le taro. Elles se servaient d'un four enterré dans le sable avec, au fond, des pierres volcaniques chauffées à blanc. Le *faré pape* était également un lieu très important. On s'y lavait et l'on y faisait la lessive. Sans électricité, tous vivaient sous le charme des lampes à pétrole, nous compris. Levés aux aurores, couchés à la tombée de la nuit.

Au cœur même de ce dur combat de pionniers, je laissais libre cours à mon énergie débordante, la canalisant dans la créativité, dans un rapport direct avec ce monde de Nature, d'Eau, d'Espace, de Lumière.

Ces nouveaux champs d'expérience m'amenèrent non plus à me confronter mais à me rapprocher de cette nature. C'était ainsi que la poésie fleurissait au milieu d'un marais. D'un bâton planté quelques semaines auparavant jaillissait une éblouissante corolle écarlate au milieu du néant. Je me surprenais à parler à mes nouvelles amies les plantes : une relation était créée, mieux encore, un échange d'amour et de respect, tout comme entre les hommes. Plus on donne, plus on reçoit. Il faut simplement accorder du temps au temps, de l'indulgence et de la patience.

Peu à peu, cette découverte m'amena au monde sous-marin. Je rassemblais, pour mon plaisir, une multitude de coraux aux couleurs chatoyantes sous le *faré*-chambre sur pilotis : les poissons multicolores vinrent y élire domicile chaque jour plus nombreux, y fondant leurs familles. C'était avec étonnement et amusement qu'une analogie certaine m'apparaissait entre le monde des hommes et celui des animaux. Mon œil, exercé maintenant, s'amusait de la jalousie des uns et des rapports amoureux des autres, des infidélités, des bagarres, des exclusions. Les mêmes rapports sociaux qu'entre les hommes m'apparaissaient !

Teva, notre petit bonhomme de fils, poussait allègrement, à la sauvageonne comme la nature alentour. Voir notre enfant grandir au Motu-Tane, cet îlot du bout du monde frangé d'une couronne de sable blanc et drapé de la robe turquoise de lagon fut un émerveillement permanent. Chaque matin, nous nous levions à cinq heures avec le soleil, il faisait déjà entre vingt et un et vingt-quatre degrés, température idéale. Tous les trois, nous prenions notre première baignade matinale avant le petit déjeuner. Teva nageait comme les poissons, plongeant avec les raies ou se faufilant sous les coraux pour y dénicher les coquillages. Nous prenions ensuite le petit déjeuner sur la plage – temps que Paul-Émile affectionnait particulièrement car nous étions alors réunis. J'emmenais ensuite Teva à l'école en bateau. Traverser ce beau lagon pour rejoindre la grande île de Bora Bora était pour lui et moi un bonheur immense, car, comme deux enfants, nous avions l'impression magique de voler par-dessus l'eau transparente. Teva s'amusait à suivre les traces de coquillages vivants par cinq ou dix mètres de fond. Nous traversions ensuite une forêt de coraux appelés « cornes de cerf » de par leurs multiples branches et dans lesquels une multitude de petits poissons bleu électrique vivaient en symbiose.

Une fois le littoral de Bora Bora atteint, je portais Teva à bicyclette, cartable sur le dos et nous roulions durant dix kilomètres sur la petite route de corail blanc, bordée de cocotiers à la chevelure alanguie et si exotique. Le long du chemin, les autres enfants à pied nous envoyaient des grands bonjours : « *Ia ora na*, Teva, *ia ora na*, Colette. » Le cantonnier, couronné de fleurs fraîchement cueillies dès l'aurore, nettoyait au coupe-coupe les hautes herbes des bords de route et ramassait les palmes tombées la nuit. C'est ainsi que, pour moi, chaque matin était une prière, tant notre communion avec Dieu était totale.

L'école primaire était au pied du mont Otemanu, dans un immense jardin noyé sous les pamplemoussiers, les manguiers et les arbres à pain. Je laissais mon petit *popaa* blond au milieu des têtes brunes des Polynésiens qui arboraient une fleur de tiaré à l'oreille et parfois même une couronne de fleurs autour du cou. De manière cocasse, ils s'amusaient à couper des franges dans la chevelure blonde de mon fils pour en recouvrir les hameçons, leurres très recherchés à l'époque.

De retour au Motu, j'adorais trouver des idées de décoration pour la maison avec ce qui m'entourait. Le cocotier étant l'arbre le plus répandu, il m'était facile d'utiliser ses fibres pour confectionner des abat-jour et ses feuilles tressées pour faire des tapisseries murales. Son fruit, la noix de coco, une fois évidée, faisait de merveilleux seaux à glace. La coque dure interne, bien polie, faisait des tasses à petit déjeuner. Tout pouvait servir dans le cocotier, même ses troncs, comme pilotis ou ossature de maison. Il suffisait d'un peu d'imagination. Des kilomètres de tissu *farauti* (cotonnade locale) défilaient sous la machine à coudre Singer. Il fallait tourner la poignée de la main droite et tenir le tissu de la gauche. Ensuite, rideaux, housses, coussins, draps étaient teints par moi-même à partir de l'écorce d'un arbuste, le *miki miki*, bouillie de longues heures durant pour donner une teinte chatoyante et chaude qui égayait les pièces une à une.

Mon rêve ayant toujours été d'avoir une ferme au bord de l'eau, je pouvais profiter de la barrière naturelle d'eau environnante pour laisser les animaux gambader dans une entière liberté. C'est ainsi que l'îlot se peupla de coqs, poules, lapins, pigeons, faisans dorés, canards, chiens, chats, perroquets et moutons. Une année, j'écrivais à une amie :

Depuis une semaine exactement, j'ai nettoyé :
Éole (pigeon) : 23 crottes
Ulysse (canard) : 10 crottes
Zoé (perroquet) : 57 crottes fraîches
Les 40 cousins d'Éole (les autres pigeons) : 239 crottes
Arrière-cousines poules sauvages : 274 crottes
Je nage dans le bonheur, merde alors !

Ces animaux allaient et venaient dans notre *faré* principal qui était ouvert directement sur le jardin, comme je l'avais toujours rêvé. En milieu d'après-midi, je retournais chercher Teva en bateau. Il revenait, lorsque le lagon n'était pas trop agité, cartable sur le dos, à ski nautique. En arrivant, il sautait dans la petite pirogue jusqu'au parc à poissons où, accompagné de ses chiens et chats, il partait explorer l'île de bout en bout.

Il grimpait aux cocotiers comme ses petits amis tahitiens avec lesquels il jouait dans de vrais forts indiens, des cabanes de trappeurs, des igloos que Paul-Émile lui avait construits en rondins de cocotier. Teva se fabriquait lui-même des épées en fer forgé, sculptait ses armures ou costumes de guerrier du Moyen Âge avec tous les matériaux de récupération qu'il trouvait.

L'imagination débordante des enfants des îles se manifestait dans leurs jouets qu'ils créaient eux-mêmes, faisant avec quelques graines ou morceaux de bois échoués sur les plages d'étonnants bateaux, des voitures imaginaires... Pour ses anniversaires, ses copains tahitiens lui offraient des mâchoires de requin, des tableaux et des colliers en coquillages, des pirogues à voile... Les enfants aimaient beaucoup la danse et nous donnaient, en fin d'année scolaire, de merveilleux spectacles. Chaque enfant était habillé de *more*, jupe de fibres végétales, et de coiffes ornées de nacres ou d'écailles de tortues, fleuri des pieds à la tête.

Chaque soir, au coucher du soleil, nous dînions, échangeant avec effusion les anecdotes de la journée. Paul-Émile en profitait pour faire découvrir le monde à Teva à travers les récits des expériences scientifiques qui permettaient de mieux comprendre la Terre. Il aimait bien poser des devinettes telles que : « Vous êtes dans une salle de bains, comment savez-vous si vous êtes dans l'hémisphère Nord ou l'hémisphère Sud ? » C'est ainsi que la soirée se déroulait, au milieu de « fuseaux horaires », « cadrans solaires » et « cartes du ciel ».

Tandis que Teva allait se coucher, Paul-Émile allait lire. Quant à moi, il fallait que je me préoccupe du repas du lendemain. Avant le coucher du soleil, j'avais posé un filet de pêche qu'il me fallait maintenant remonter. C'était un travail énorme, consistant à relever le filet alourdi par un amoncellement de coraux, d'algues et de poissons pris dans les mailles. Il me fallait étendre le filet à plat sur cent mètres et le nettoyer maille par maille. Parfois, des petits requins piégés s'étaient entortillés de telle façon qu'il était impossible de les enlever. Le filet était alors hors d'usage, cauchemar des pêcheurs polynésiens. Après le nettoyage du filet, il fallait écailler et vider les poissons au bord de la plage, dans la lueur de la lampe à pétrole.

Pour varier les repas, il m'arrivait d'aller pêcher les langoustes sur le récif. Cette pêche était très dangereuse car le ressac des vagues s'écrasant sur la barrière menaçait de m'écorcher vive sur les coraux acérés ou d'éteindre ma lampe tempête, me mettant dans l'impossibilité de retrouver mon chemin de retour.

Malgré ces journées éreintantes, je restais exaltée par la beauté de ce qui m'entourait. J'écrivais à une amie :

Il est vingt et une heures sur notre petite île de l'hémisphère Sud, la demi-lune pointe le bout de son nez ! Déjà la luminosité apparaît, douce et légèrement blanchâtre, satinant les palmes des cocotiers immobiles. Pas un souffle d'air, pas une ride sur le lagon, le calme absolu. Rompre les habitudes qui nous enchaînent ! Ne pas allumer le groupe électrogène qui nous aveugle des beautés naturelles offertes d'un scintillement d'étoiles et de lune, se reflétant dans un lagon immobile et transparent (...).

Pas un souffle d'air ne trouble cet extraordinaire calme ; le miroir du lagon se ride parfois de quelques cabrioles de poissons qui se pourchassent en jouant. Un survol d'oiseaux nocturnes fend le ciel; on ne voit que des ombres passer. Un couple d'aigrettes sacrées se profilent en bout de plage quêtant quelques crabes de sable ou de minuscules crevettes tardives. Les scintillantes palmes de cocotiers sous la demi-lune forment la plus belle voûte de cathédrale jamais bâtie par les compagnons du Moyen Âge.

J'ai tant de bonheur en moi que je vais exploser !

6

Miroir de la solitude

Colette,
Et le temps passe, je ne m'ennuie pas... Mais je m'ennuie de vous deux, de toi mon amour et de cet enfant que tu nous as fait.
P.E.V.

Ma chère maman,

Me voilà à l'université à des milliers de kilomètres de vous deux et je me rends compte, au fur et à mesure du temps, de beaucoup de choses. D'entendre ta voix si loin et pourtant si proche à l'ouïe et dans mon cœur, à chaque fois que je vous téléphone les week-ends, aussi tendre, attentive et patiente, me réjouit énormément, je réalise à quel point j'ai une mère fabuleuse. Une vraie fée qui enchante tous les voyageurs qui font escale au motu.

Maman, tu rayonnes d'amour, tu éblouis toute l'île, et si le monde pouvait te voir, tu éblouirais le monde entier.

Nous vivons séparément, ce qui me fait évoluer et penser différemment. Il ne faut pas t'en vouloir de m'avoir envoyé au loin, c'est pour mon bien. Il faut juste apprendre à être patient...

Je t'aime très très fort,

Teva.

Nous pensions garder notre enfant près de nous indéfiniment, mais... Les années de rêve que nous avions vécues en famille à la « Robinson » devaient s'arrêter à la fin de l'école primaire alors que Teva avait dix ans. Un dilemme se posa entre Paul-Émile et moi, lui désirant une éducation américaine, et moi une éducation française. L'explication était simple. Paul-Émile s'était engagé dans l'armée américaine durant ce qu'il appela « une très longue absence » : 1939–1946.

« La " drôle de guerre " commence, attaché naval adjoint dans les pays scandinaves, je participe à la guerre finno-russe. L'armistice est déclaré en France, j'entends dans mon entourage et à propos des Français : " Ils ont perdu la guerre, qu'ils se débrouillent ! " Mais " ils ", ce n'est personne. Je suis " ils " moi aussi, pour tous les autres. Et pour moi ! " Ils ", ce n'est pas une définition. Encore moins une excuse. Un prétexte peut-être. Tout prétexte est mensonge... Il faut choisir. Je le fais sans peine, sans regret, sans hésitation : je rejoindrai l'Angleterre. Mais " les glaces et le temps sont maîtres " et c'est sous l'uniforme américain en fin de compte que je combattrai jusqu'à la fin de la guerre. Je suis le matricule 139 633 224, engagé volontaire comme simple troufion. Un jour, un ordre de mission " top secret " m'envoya dans les troupes de montagne, à Camp Hale, dans le Colorado, aux mises au point de matériels spéciaux, y compris le premier véhicule chevillé à neige, ancêtre des fameux Weasels, que j'allais utiliser pendant trente ans sur les déserts de glace du Groenland et de l'Antarctique. Caporal, je passe lieutenant et je suis affecté comme instructeur de techniques polaires à Echo Lake, où l'on forme trois escadrilles de

recherches et de secours pour l'Alaska, le Canada septentrional et le Groenland. Je deviens le premier parachutiste polaire de Search and Rescue. Puis, quoique français, je commande l'escadrille de Search and Rescue de l'Alaska septentrional. Notre mission : porter secours aux équipages soviétiques ou américains paumés dans ce pays qui ne pardonne pas [1]. »

Ces mérites lui valurent la nationalité américaine, dont Teva hérita également. De cette période, il garda un attachement très profond envers le peuple américain, persuadé que les États-Unis joueraient un grand rôle dans l'avenir du monde. Il voulait que son fils connaisse aussi cette culture. De plus, il appréciait le côté pragmatique de l'éducation américaine. C'est pourquoi il souhaitait que Teva puisse intégrer un collège à Hawaii, lieu le plus proche de Tahiti.

Pour moi, en tant que mère, toute séparation avec Teva me semblait impensable. J'aurais voulu que Teva soit pensionnaire à Papeete, ce qui à l'époque était impossible. L'envoyer à Paris l'éloignait encore plus de nous. Je me résignai à la décision de Paul-Émile. Ensemble, nous sommes allés à Hawaii visiter une école qu'on nous avait recommandée et qui plut immédiatement à Teva car il y avait des chevaux et une nature environnante superbe, dans un climat polynésien.

Les quelques années qui allaient suivre cette séparation furent pour moi très douloureuses. Paul-Émile, lui, fort de sa carapace, restait centré sur l'idée que cette expérience allait enrichir son fils.

La solitude n'avait pas du tout le même écho pour

1. *Du Groenland à Tahiti*, éd. F. Nathan, Paris, 1977, p. 75.

Paul-Émile que pour moi. Il me disait souvent : « Les Esquimaux m'ont appris la patience, " les glaces et le temps sont maîtres ". Cette acceptation de leur réalité me servit toujours dans les face-à-face avec la mienne. »

Moi, je me sentais débutante dans ce face-à-face-là. Et finalement, plus qu'un mari, j'avais l'impression d'avoir un maître qui, tel un ermite, savait s'isoler dans sa grotte. Pour Paul-Émile, habitué à la solitude des espaces polaires, l'isolement d'un îlot au milieu du grand océan du monde, coupé de sa famille pendant des mois, n'était pas une expérience très différente. D'ailleurs, il avait organisé sa vie sur le motu, exactement comme dans sa hutte esquimau au Groenland.

Dès la fin du petit déjeuner, il rejoignait son *faré* habitacle jusqu'au soir. Son espace devenait alors « tabou », ce qui qualifie, en Polynésie, les lieux sacrés réservés aux prêtres. Mais je l'acceptais volontiers car, par respect réciproque, Paul-Émile n'entrait jamais à l'impromptu dans ma caverne, où s'accumulaient livres ésotériques, cristaux et pierres, encens, objets d'art. Dans ce désordre apparent, je virevoltais dans mon intimité, faisant de ce lieu un espace de vibrations personnelles.

Dans cette solitude, chacun de nous deux allait organiser son dialogue avec le monde extérieur différemment. Paul-Émile recevait, tel un minitre, plus de courrier que les trois plus grands hôtels de Bora Bora réunis, ce qui étonnait toujours la poste. J'arrivais avec un grand carton chaque semaine pour y déposer sa nombreuse correspondance. Paul-Émile laissait rarement une lettre sans réponse, je dirai même quasiment jamais. Ainsi, il se reliait avec le monde extérieur dont il ne se sentait pas réellement coupé, d'autant qu'il recevait de nombreuses visites de personnalités internationales de passage à Bora – écrivains, comédiens, hommes politiques, scientifiques nourrissaient sa soif de communication. Grâce aux journalistes qui venaient l'interviewer et le filmer, il se sentait aussi exister au-delà de la barrière corallienne qui nous encerclait.

Ce plaisir-là, je ne le partageais pas, et ce pour de nombreuses raisons. Tout d'abord, ma vie n'avait rien d'un rêve facile. Un jour, un grand reporter vint sur l'îlot avec une petite équipe. Je l'entends encore dire : « Silence, les caméras tournent, plus un mot !

– Colette Victor, pouvez-vous nous décrire une de vos journées dans ce petit paradis ? »

Ma salive se coinça dans ma gorge.

« Vous voudriez qu'en sept secondes, pour vos téléspectateurs, je vous fasse le tableau d'une vie idyllique, qui se résumerait en quelques mots merveilleux ? Les difficultés commencent dès six heures du matin et, à partir de là, je mène un train d'enfer, ayant toujours trois ou quatre choses à faire en même temps. Nous vivons la nuit comme le jour, à faire aussi bien de la mécanique que dix autres corps de métier, mais ce côté-là n'est pas très télégénique ! »

Mal à l'aise – il faut bien dire que je ne lui facilitais pas vraiment la tâche –, il s'adressa à Paul-Émile, qui savait rattraper à merveille touts les monstruosités dites par sa femme. Puis, hors caméra, il revint vers moi.

« Je ne vous comprends pas, Colette, vous avez

accepté que nous venions, alors pourquoi êtes-vous aussi récalcitrante maintenant ?

– Quoi ! lui dis-je, effarée ! Quand me l'avez-vous demandé ?

– Enfin, on a demandé à Paul-Émile Victor, c'est la même chose !

– La même chose ! Vous y allez fort ! Je vis peut-être dans l'ombre d'un mari prestigieux mais j'ai mon mot à dire, et je n'aime pas du tout qu'on m'associe à un être, fût-il mon mari, comme si nous ne faisions qu'un. »

Devant mon refus obstiné de tourner certaines scènes à mon sens « faciles », furieux, il me prit en aparté et me dit :

« Vous savez que je peux vous tuer ? Avec l'œil de la caméra, je peux tuer qui que ce soit. »

Je le regardai droit dans les yeux, et lui assenai :

« Mais allez-y ! »

Folle de rage, je pris le premier bateau en direction de Papeete, le privant de toute scène familiale. Je m'attendais donc au pire lorsque ce film passa sur une grande chaîne française ; et quelle ne fut pas ma surprise de m'y voir en femme rebelle et non pas assassinée. Délicatesse inattendue du reporter et, en fait, beaucoup de professionnalisme – il avait su utiliser le piquant d'une des seules scènes tournées avec moi.

Cette scène résume bien la souffrance résultant de l'incompréhension des autres face à ma vie. D'ailleurs, combien s'y intéressaient réellement ? J'étais la fourmi qui travaillait au service du prince ; c'est sans doute là le lot de toutes les femmes d'hommes publics. Mais sans doute mon côté rebelle refusait-il cette complète soumission. Je finissais par ne plus supporter les interviews auxquelles Paul-Émile se prêtait trop facilement. Je prenais de plus en plus conscience que la séparation avec mon fils et cet isolement géographique dans lequel notre motu m'enfermait me renvoyaient à mon histoire d'enfant. Une histoire pleine de solitude douloureuse. J'étais également de plus en plus consciente qu'en Paul-Émile il y avait, en plus de l'homme que j'aimais, le père. Et cela non pas du fait la seule différence d'âge, mais parce qu'il m'était inaccessible également dans de nombreux domaines. Paul-Émile était trop dans son monde, et moi dans le mien. Pourtant, il s'intéressait à moi, mais son handicap physique – de sérieux tassements de la colonne vertébrale à cause de la guerre – le faisait souffrir de manière permanente et de plus l'empêchait de participer activement aux travaux du motu avec moi. Il compensait ce handicap en m'observant travailler muni de ses cartons à dessin, toiles, pinceaux, bocaux de crayons multicolores, d'où l'art explosait. C'est ainsi qu'il aimait me « croquer » avec humour et talent en train de faire des feux de palmes de cocotier gigantesques, lançant l'épervier dans le lagon dès l'aube, ou encore coupant les noix de coco à la hache pour nourrir lapins, poules, chiens, pigeons, canards...

La tendresse qui se dégageait de ses croquis me touchait énormément. C'est d'ailleurs là un aspect méconnu du talent de Paul-Émile, qui, dès l'âge de trois ans, n'a jamais abandonné cette passion. Saint-Exupéry, lui-même admiratif, lui avait demandé de lui croquer les premières ébauches du *Petit Prince.* Paul-Émile suggérait souvent à Teva d'avoir constamment un carnet de dessin sur lui au cours de ses nombreux voyages.

Nous échangions nos idées sur la vie, la mort, le long de la plage ; mais ses idées étaient toujours bien argumentées, logiques... et les miennes apparaissaient confuses. Je voulais sortir du cadre de la rigueur alors que Paul-Émile s'y sentait bien. La fantaisie, les rires, l'inattendu que Teva m'avaient donnés pendant dix ans me manquaient de plus en plus.

J'en venais à faire des rêves qui m'emmenaient vers un ailleurs parfois inquiétant. L'un d'eux m'avait suffisamment frappée pour l'avoir noté.

Réveil en plein rêve ce matin, très reposant :

À quatre dans une pièce, allongés sur des divans, nous devions tous choisir entre la vie et la mort à une heure précise. Si nous choisissions de vivre, une part de gâteau nous était offerte. Ce gâteau était d'ailleurs partagé en quatre. Si nous refusions de prendre notre part, un flacon de fleurs de pollen nous était tendu et il nous était demandé de l'avaler pour aseptiser et dissoudre entièrement tous nos viscères. Notre corps deviendrait semblable à des pétales de cire, à la fois chauds au regard et purifiés. Quant aux vêtements que nous portions, ils s'autonettoieraient, plus neufs et plus flamboyants que jamais. Dans un grand calme, je fus la seule à avoir choisi l'éternité par la mort. Ce fut magnifique, reposant et digne.

Paul-Émile ne craignait pas la mort non plus ; nous en parlions souvent. Il me disait : « Je sais aujourd'hui que les Esquimaux, pas plus que les Polynésiens, n'ont rien à craindre de la mort. Pas plus que moi, d'ailleurs. Ni les uns ni les autres, nous ne pleurons notre passé. Nous savons qu'il y aura toujours d'autres « après », d'autres « ailleurs ». Parce que nous avons toujours, les uns et les autres, sous la main, à chaque instant, un enthousiasme. » Là encore, nos différences étaient sensibles. L'enthousiasme de Paul-Émile était ancré dans une réalité alors que ma fascination rêvée pour un ailleurs traduisait une volonté d'échapper à celle-ci.

Sans m'en rendre vraiment compte, j'allais assimiler notre motu avec cet autre monde. Car, après tout, j'aurais pu décider de le quitter pour combler certains manques, mais la luminosité de ce lagon étincelant, ce bout de terre intime entre ciel et eau, cette communion avec la nature me procuraient une intense sensation de liberté. Sentiment paradoxal qui ne pouvait se comprendre si l'on ne ressentait pas cette magie qui nous entourait. Pour moi, la porte vers l'au-delà s'entrouvrait.

7

Au-delà de l'île

On grandit dans la tempête.
Vincent Van Gogh

Un jour, mon corps, mes os, ma chair réagirent d'une manière titanesque et me firent souffrir atrocement. C'était insoutenable ; j'étais alors seule dans une pièce, me tordant de douleur, implorant que cela cesse sur-le-champ. J'étais en proie à une peur et à une détresse foudroyantes, je voyais mon corps souffrir comme si l'on m'avait battue à coups de crosse. Je voulais mourir à l'instant même tant cette souffrance était intolérable. J'appelais de toutes mes forces ma mère : « Au secours, maman, maman, viens à moi, je suis à bout, je n'en peux plus, fais quelque chose, je t'en supplie... »

La réponse fut instantanée. Je fus soudain envahie d'un calme, d'une paix indicibles. Mes os et mon corps ne me torturaient plus. Je fus saisie d'un étonnement incroyable, je me regardais moi-même, incrédule et stupéfaite. Les miracles étaient-ils donc possibles ?

Au fond de moi, je savais, tant ma sincérité avait été profonde, que ma mère avait été capable de faire cela. C'était un moment de calme et d'amour totalement surnaturel. Ma mère avait sans doute répondu à mon appel, pour m'apprendre la sagesse d'accepter toutes les situations et faire confiance à la vie.

Une expérience équivalente devait se reproduire quelque temps plus tard. Je me trouvais seule dans ma chambre, en proie à une intolérable tristesse, me sentant isolée et inutile. Ce jour-là, il n'y avait pas une once d'air, pas un souffle de vent, un lagon sans rides, le calme plat. Dans cette pièce entièrement fermée se fit entendre soudain un bruit effrayant puis la fenêtre se décrocha et s'effondra brutalement. Encore sous l'effet du choc, et revenant peu à peu de ma stupeur et de mon incrédulité – aucun fait sensé n'aurait dû provoquer un tel phénomène –, je compris, pour la deuxième fois, que ma mère voulait me faire réagir.

À travers mes difficultés d'être, j'avais toujours parlé en toute simplicité à l'esprit de ma mère. Était-ce parce qu'elle m'avait tellement manqué lorsque j'avais été mise en pension à l'âge de trois ans ? Ou parce que, là où elle était maintenant, elle me voyait, me comprenait et voulait être mon guide ? Sans qu'elle puisse m'apparaître matériellement, elle se donnait les moyens, à chaque fois, de me faire savoir par télépathie, ou par des moyens plus matériels utilisés à ses fins, qu'elle était présente. En tout cas, il devenait pour moi indiscutable que la présence des êtres défunts aimés était encore plus réelle que je ne le croyais auparavant et qu'ils pouvaient nous entendre lorsque nous étions en détresse pour venir à notre secours.

À partir de ce moment, ma mère fut mon soutien, mon « ange gardien », et elle ne cessa de se manifester lorsque j'en avais le plus besoin et que ma sincérité la touchait.

Dans mon « cheminement » avec l'au-delà, une des plus étranges histoires qui me soient arrivées remonte à 1978. Elle exprime bien ce sentiment de complicité avec l'invisible. Un jour, durant une pluie torrentielle, une pirogue vint chercher refuge sur le Motu-Tane. À son bord, deux jeunes femmes françaises, dont Yaguel Didier, qui allait devenir très connue dans l'Europe entière pour ses dons de voyance. Prisonnière de la pluie, elle passa le reste de l'après-midi avec moi. Je lui parlai de mes premières expériences avec ma mère, ce qu'elle trouva parfaitement naturel. C'est d'ailleurs elle qui me dit qu'elle était mon ange gardien. Comme j'étais avide d'en connaître plus et qu'elle comprenait très bien que l'anxiété était l'une des causes de ma souffrance, elle me suggéra de lire un livre sur la positivité, *L'Énergie cosmique*, de Joseph Murphy. « Il n'y a qu'une librairie en France où l'on trouve des ouvrages sur la spiritualité, la librairie Astra, rue Rochambeau. Je ne pourrai vous envoyer le livre que dans trois mois car je fais un long détour par New York », me dit-elle, navrée.

Je concentrai dès lors toute mon énergie dans l'attente interminable – anxiété oblige – de recevoir ce soutien moral, ce recueil d'espoir.

Trois jours plus tard, je devais me rendre chez ma sœur, sur l'île de Tahaa. C'est à cinq ou dix minutes à vol d'oiseau, mais à vingt-quatre heures par les divers moyens navigables. Je m'armai de courage pour atteindre la premiète étape, Uturoa, capitale de Raïatea. Je déambulais tranquillement dans ce petit bourg, le long des trottoirs de l'unique rue, en attendant le prochain bateau, lorsque, soudain, je m'arrêtai net devant une minuscule vitrine de quincaillier où pendaient bassines, casseroles, bidons de plastique et autres marteaux. Là, au beau milieu de tout ce fatras, *L'Énergie cosmique* trônait en plein centre de la vitrine ! Je restai plantée là quelques minutes avant de reprendre mes esprits et d'entrer précipitamment dans le local pour y demander ce livre. Un gros Chinois derrière son comptoir se mit à éclater de rire et parvint à me dire :

« Mais, madame, vous voyez bien que je ne vends que des objets de quincaillerie ! C'est ma fille que je n'avais pas revue depuis des années et qui est revenue hier qui a tenu absolument à ce que je mette ce livre en devanture. J'ai tout fait pour l'en empêcher, mais elle m'a assuré que quelqu'un viendrait le chercher aujourd'hui, et vous voilà !

– Comment appelez-vous cela ? lui demandai-je. Coïncidence ? Magie ? » Il se contenta de continuer à rire. Il faut s'imaginer être presque vingt ans en arrière dans une petite île de Polynésie où ne circulaient que des livres scolaires.

J'achetai évidemment le livre, qu'il aurait pu me vendre à prix d'or ! À peine rentrée, je le dévorais, le soulignais, prenais des notes... Il était devenu ma bible. Selon l'auteur, je n'avais plus de raison d'être malheureuse ni limitée par quoi que ce soit. Il fallait apprendre à contrôler ses pensées car elles sont des énergies puissantes et ne renvoient que ce que l'on émet. Si j'émets des pensées négatives (peur, instabilité, jalousie, irritabilité, etc.), j'attire par ces ondes-pensées les mêmes en retour. Dès que la petite bête grignoteuse de sentiments d'abandon, de détresse, de solitude ou autre fait son apparition, il faut la chasser pour la remplacer par des pensées d'amour de la puissante présence divine qu'est en nous et peut tout nous accorder, et lui faire confiance : mon Dieu, je me remets entre Vos mains, que Votre volonté soit faite.

Au-delà du contenu de ce très beau livre qui insistait sur l'énergie cosmique située au fond de chacun d'entre nous, la magie des clins d'œil que me faisait l'invisible me remplissait tout autant.

Peu de temps après, une jeune femme arriva sur l'îlot avec son mari. Il était professeur à la Sorbonne et m'offrit un livre, *Commentaires sur la vie*, de Krisnamurti. Ce philosophe indien parlait des lois fondamentales de l'existence ; il citait d'ailleurs Einstein qui avait déclaré : « Dieu est un savant, pas un magicien », ce qui avait évidemment beaucoup plu à Paul-Émile. Pour ma part, je restais attachée à la magie car elle avait un côté chaleureux qui savait surprendre et émerveiller. D'ailleurs, la rencontre avec cette jeune femme allait être pleine de cette fantaisie qui me manquait. Elle s'appelait Josie et était mariée depuis seize ans. Après un séjour d'un an sur le motu, son mari fut contraint professionnellement de rentrer en France. Elle décida de rester.

Il n'avait pas tourné le dos qu'elle se précipita dans leur bungalow, et je la vis, à mon grand étonnement, le vider de ses meubles, jeter casseroles, couvertures et repeindre tout en blanc. Surprise, je lui posai la question : « Pourquoi tout ce remue-ménage ? Que fais-tu ? » La réponse arriva d'un jet : « Ça fait quinze ans que je fais de la cuisine, alors que je ne mange pas... Que je dors sous des couettes, à crever de chaleur, alors que j'aime vivre nue. Je ne veux plus de toutes ces choses que je me suis contrainte à faire pour le plaisir de mon mari. Maintenant, je veux vivre pour moi, je veux me faire plaisir ! Tu comprends ? »

J'étais perplexe. On m'avait tellement éduquée dans le sens du devoir que tout cela me paraissait insensé. J'éprouvais envers elle un sentiment partagé de malaise et d'admiration, et finalement, je trouvai une sagesse dans ses propos. Elle me disait souvent : « Mais, Colette, comment veux-tu aider et aimer les autres si tu ne commences pas par toi-même ? Il faut commencer par t'aimer et te faire plaisir, c'est tout un travail, tu as besoin de t'y consacrer ! »

Ses paroles avaient moins de profondeur que celles prononcées par l'auteur du livre que m'avait offert son mari et pour qui la maîtrise de soi passait par celle du mental. Mais je commençais à penser qu'elle avait peut-être raison. Ce type de pensée était vraiment nouveau pour moi. Modelée par l'esprit du sacrifice, mon réflexe était toujours de faire passer le bonheur des autres avant le mien, de la plus petite chose (telle une part de gâteau) à la plus grande (me séparer de mon fils unique pour son bien). C'est ce petit bout de bonne femme qui en quelque sorte me fit changer le regard que je portais sur moi-même, et je me mis à essayer d'aimer ce que je voyais dans mon miroir.

Très disciplinée dans sa vie, Josie pratiquait une gymnastique intensive matin et soir, écrivait tous les jours à son mari, tenait son journal où elle se livait à une autoanalyse, exerçait ses dons artistiques, lisait énormément – Laborit, Gide, etc. Elle prenait du temps pour sa peau, ses ongles, ses cheveux et ne cessait de me conseiller d'en faire autant.

Moi, petite fourmi laborieuse, n'ayant jamais une minute pour moi-même, toujours performante, galopant à cent à l'heure pour accomplir au plus vite toutes les tâches, cherchant à toujours mieux faire pour les besoins de l'îlot ou des personnes vivant sous mon toit, allant jusqu'à devancer continuellement leurs désirs pour mieux faire !

Elle m'enseigna aussi à ne pas chercher à tout prix à être aimée et à accepter que les gens que l'on aime n'aient pas forcément le même sentiment ou ne l'éprouvent pas avec la même intensité.

Un jour que je me confiais à elle, je lui exprimai ma grande tristesse de voir que de très bons amis de France passaient chaque année à Bora Bora sans jamais venir nous voir ou nous passer un coup de fil, et, chaque année, mon cœur se serrait davantage. Sa réponse fut d'une grande logique :

« Laisse venir à toi ce qui vient, sois heureuse et remercie. Laisse aussi partir ceux qui veulent partir avec cette même équanimité, sois heureuse aussi parce que c'est leur souhait. »

Sa leçon me servit lorsque, après cinq années d'excellentes relations amicales, de complicité, de rires, de partage de l'amour de la nature, d'humour et de fantaisie, elle décida de repartir pour la France. Les dents serrées, j'appliquai la leçon du « détachement » avec, au fil des jours, de plus en plus d'amour, puisque partir était son choix.

Pour me consoler, je lui écrivais régulièrement; j'avais moi aussi ma correspondance avec l'extérieur...

Ma petite hirondelle,

Peu banale cette hirondelle-là! Elle quitte le chaud pour aller se jeter et s'asphyxier ailleurs! Maso! Pendant ce temps, la petite mésange continue à s'occuper de son petit bout de terre entouré de beaucoup d'eau, avec un grand beau soleil qui lui chauffe les ailes et qui a le cœur un peu plus froid chaque jour. Il semble que tout est fade, le vert est moins vert, le bleu de notre si beau lagon moins bleu. Elle voudrait bien que l'hirondelle ne l'ait jamais quittée.

Le matin, quand je me réveille, j'ouvre bien un œil, mais l'autre se referme tout de suite parce qu'il est plus malin. Il a compris qu'il n'y a pas de quoi se réjouir... Mes amies les fleurs elles-mêmes ont fermé leurs corolles en signe de protestation, elles boudent au lieu de venir se poser devant mon nid comme avant, tous les matins... Il est vrai que tu les y aidais!

La magie des rencontres allait continuer, et heureusement... Sans doute étais-je trop sentimentale, et l'absence de Josie, ajoutée à celle de mon fils, pesait de plus en plus sur mon cœur. À tel point que je me sentais devenir dépressive. Paul-Émile, hermétique à toute psychologie féminine, évitait de plus en plus les dialogues pour ne pas avoir à affronter mes manques, mes vides qui l'affolaient, et préférait se réfugier derrière la science médicale. C'est ainsi que je me retrouvai en clinique sous antidépresseur. Mais je sentais bien que ces médicaments ne faisaient qu'apaiser la tristesse, et ce d'une manière très artificielle. Mon côté « femme rebelle » prit le dessus et j'implorais secrètement le ciel qu'une solution se présente à moi.

C'est alors que je vis arriver à mon chevet une jeune femme, Michèle, ex-Mme Eddie Barclay. À mon grand étonnement, elle me confia qu'elle avait elle-même connu ce parcours dépressif pendant des années et l'avait vaincu radicalement grâce à la rencontre « hasardeuse » avec un livre dans une vitrine parisienne. Voilà qui me disait quelque chose !

Ce livre parlait de la méditation et l'avait amenée à pratiquer cette méthode. Celle-ci avait réussi au-delà de tous ses espoirs. Elle me proposa de m'initier pour m'aider à m'en sortir. Je refusai tout d'abord, mais, n'ayant pas d'autre issue, j'acceptai cette bouée de sauvetage sans y croire.

Cependant, je suis obligée d'admettre aujourd'hui qu'un phénomène inimaginable s'est passé lors de la petite cérémonie qu'elle effectua devant moi. Elle prononçait des mots étranges, tout en me disant : « Tu n'y comprendras rien, c'est un rituel traditionnel veda en sanskrit. »

Lorsqu'elle eut fini, je sentis quelque chose se passer en moi que je ne m'expliquais pas, puis des vagissements ressemblant à ceux d'un nouveau-né m'envahirent. Dans une inconscience totale, je me mis à hurler durant plusieurs heures, comme s'il s'agissait de la naissance d'un nouvel être. Lorsque Paul-Émile revint me chercher, il me trouva extrêmement calme, libérée de toutes mes tensions et angoisses.

J'étais dans un état presque surnaturel de bien-être où toutes choses environnantes n'étaient qu'Amour, un état que nous ne connaissons pas d'ordinaire, que les mots ne peuvent expliquer, libérée de toutes les tensions et stress de la vie. J'avais l'occasion de renaître une deuxième fois, lavée de tout, de retrouver l'état pur de l'âme pour qui tout n'est que lumière, compréhension et unité, reliée à un tout universel. Je percevais le monde, à travers la substance « Amour pur ».

L'expérience fut brève. Sans doute avais-je eu, pour une raison que je ne m'explique pas encore, cet immense privilège d'avoir accès à cet état serein d'osmose universelle pour quelques heures seulement, mais qui resteront inoubliables. Par la suite, j'ai continué à méditer, mais je n'ai plus jamais retrouvé l'intensité de ce moment.

La vie reprit son cours, je continuais à méditer une fois par jour, et Paul-Émile, tellement frappé par ma transformation, se joignit à moi, ce qui nous apportait une régénération et une paix immenses.

De signe en signe, j'en arrivais à m'accepter davantage et à voir la dimension sacrée de toute chose. Je comprenais mieux ce que Joseph Murphy appelait l'« énergie cosmique », cette infinie puissance qui développe en nous de prodigieuses capacités.

De nombreux amis allaient me conforter dans cette nouvelle perception de la vie et de l'univers qui commençait à s'ancrer en moi. Par leur écoute sans jugement, je bénéficiais du miroir de l'amitié éclairée. Je ne recherchais plus seulement les divertissements mais de longs dialogues passionnants où chacun parlait à sa manière de Dieu, d'Harmonie, d'Énergie.

Il y avait à travers tous ces mots différents un écho plein de compassion. Nous n'étions pas tous d'accord sur les causes de la souffrance. Ginette, femme médecin brillante, insistait sur le fait que nous sommes notre propre générateur de nos souffrances et que, pour guérir, il faut éloigner le mental, vivre dans le présent, écouter son intuition. Son ami, François, était astrologue, et lui, pour expliquer la souffrance, parlait de prise de conscience nécessaire le long d'un parcours jalonné d'épreuves qui obligent à se remettre en cause. Dès lors, on pouvait presque dire que les souffrances étaient des souffrances nécessaires, comme un accouchement qui permet de mettre au monde un nouvel être. Daniel, qui était psychologue, ne partageait pas cette notion de nécessité, voulant rompre avec ce concept, humiliant parfois pour les gens qui souffrent, que « cela devait leur arriver ». Pour lui, exister était forcément difficile et, pour y parvenir, il fallait avoir beaucoup d'indulgence avec soi, les autres et Dieu...

Sous les étoiles, sur la plage, le vent qui soufflait dans les palmes semblait emporter nos paroles pour que le cœur de l'univers nous réponde.

Du plus loin que je remonte, il me semble que derrière l'apparente insouciance et l'apparente gaieté que je montrais aux autres, au plus profond de moi, j'étais en attente de ce dialogue. Paul-Émile, bien sûr, m'apportait ce calme, cette sûreté, cette force, cette assurance que tout pouvait s'arranger. Il vivait, lui, cette sagesse car il était comme un chêne sur lequel je ne pouvais que me reposer. Mais, à travers les épreuves liées à la séparation et à la solitude, j'eus cette ouverture, cette prise de conscience que tout dans ma vie avait une résonance, une autre dimension que j'appelais « Dieu ». Grâce à cette ouverture spirituelle, je fis confiance à ma nature, à ma propre force intérieure, parcelle de la force divine.

Cette prise de conscience-là a été la porte qui s'est grande ouverte sur la compréhension de ma vie. Les angoisses se sont subitement envolées ; plus jamais aucune dépression n'est survenue ; au contraire, une confiance réelle a pris place, une joie intérieure profonde, un élan d'amour diffus et harmonieux.

Cette force vitale divine s'appelait aussi l'« Amour », déferlement inépuisable de bon, de beau, de généreux, d'indulgence, de compassion, de non-jugement, de partage et de joie. L'amour sous toutes ses formes me semble être l'une des réponses les plus efficaces aux problèmes quotidiens du monde entier. Il est aussi indispensable à la vie que l'oxygène que l'on respire. Il est un vase communicant car plus on donne, plus on reçoit. L'amour est un changement dans nos pensées, une façon nouvelle de voir l'autre comme soi-même et de le regarder comme l'on aimerait qu'il nous regarde : une soif permanente de nos cœurs qui aspirent à ce bonheur chaque jour, du bien-être, tout simplement. Nous sommes tous des mal-aimés, ce qui explique bien des actes de violence et de rejet.

Je pense aujourd'hui qu'avec Paul-Émile nous étions destinés à parcourir ensemble, sur cet îlot, des chemins d'épreuve, de sagesse et de bonheur. Le bien-aimé et bien nommé Motu-Tane, l'île du Dieu universel, fut, pour moi, une véritable école de vie spirituelle. Ceux qui ne saisissent que la surface des choses n'y voient qu'un paradis exotique invitant à la nonchalance, et ne peuvent comprendre l'intensité du travail que Paul-Émile et moi y avons accompli, chacun à notre manière.

Le travail et les épreuves n'avaient fait que resserrer nos liens, notre couple était hors de toute atteinte. Du moins était-ce là mon sentiment. Nul ne se doutait alors du terrible désastre qui allait s'abattre sur nous, alors que nous aurions légitimement pu prétendre à un peu de paix. Mais, selon le mot de Van Gogh : « On grandit dans la tempête. » Notre couple allait donc grandir au-delà de ce que nous avions pu imaginer.

8

Cyclone et nouvelle foi

Un siècle pour construire
Une minute pour détruire.
P.E.V.

La veille du cyclone « Wasa », en décembre 1991, qui n'avait été ni prévu ni annoncé dans nos îles excentrées, je revenais du village et commençais à charger mon Boston-Whaler d'une multitude d'achats : depuis les tôles métalliques pour les constructions jusqu'aux courses de la semaine. Comme d'habitude, le bateau étant plein à craquer, la ligne de flottaison était déjà bien en dessous du niveau normal.

J'étais sensible à l'agitation fébrile des gens empressés de remonter leurs embarcations sur la plage, mais, voulant ignorer le gros temps menaçant ainsi que les avertissements alarmants des Tahitiens sur la berge, je décidai de rentrer sur l'îlot coûte que coûte. Je mis le moteur en marche et partis.

Au milieu du lagon, le bateau se mit à faire des embardées terrifiantes, les vagues énormes projetaient le Boston quasiment à la verticale, les trombes d'eau s'écrasaient sur la cargaison, les rafales de vent arrachaient, à une vitesse infernale et dans un bruit assourdissant, les tôles d'aluminium qui menaçaient de tout décapiter sur leur passage. Je me retrouvai, le tuyau d'essence arraché, en train de couler. Totalement désemparée, à bout de ressources, j'invoquai dans ma détresse tous les saints du paradis.

Alors que je songeais à rentrer à la nage dans cette mer déchaînée pour ne pas inquiéter Paul-Émile, j'essayai dans une dernière tentative de replacer l'arrivée d'essence dans son encoche, et, comme si mes appels avaient été entendus, l'inespéré se produisit, et le vrombissement du moteur se fit entendre. Je regagnai miraculeusement la plage du motu, vacillante, exténuée. Je remerciai l'au-delà pour son aide qui me permettait de rejoindre Paul-Émile afin d'affronter ce qui se tramait.

La dépression s'amplifiait de plus en plus au point de devenir cyclone. Le récif était submergé par des vagues monstrueusement hautes qui, dans un courant démentiel, balayèrent notre chambre à coucher sur pilotis. Le magnifique ponton de quarante mètres de long fut arraché comme un fétu de paille, les maisons brisées, les arbres couchés et déracinés comme des jouets... C'était comme si des immeubles s'effondraient sur nous. Plus rien n'était envisageable, il fallait faire face. Après avoir essayé de sauver les meubles, nous y renonçâmes pour sauver notre peau.

Deux couples d'amis séjournant sur le motu pour des vacances virent sous leurs yeux leur bungalow exploser sous le déferlement des vagues. Échappant de peu à la mort, ils accoururent, affolés, chercher refuge dans le seul endroit où l'îlot était surélevé.

Il nous fallut camper à six, dont Paul-Émile et moi-même, dans cet espace réduit, l'oreille accrochée aux comptes-rendus de la météo de plus en plus catastrophiques. Le toit se soulevait dans un bruit d'enfer, les énormes vagues et un vent à deux cents kilomètres heure venaient défoncer les murs un par un, comme si un train lancé à toute vapeur passait en dessous de nous dans un bruit de ferraille déchiquetée.

Contre toute logique, je voulus imprudemment passer la porte pour juger des dégâts et fus happée par une vague immense. Véritable furie d'eau, elle me projeta contre un mur au rez-de-chaussée avec une force cinglante au milieu des troncs d'arbres, des meubles et des blocs de corail. Totalement submergée, piégée dans un entonnoir et sans possibilité de remonter à la surface, je crus ma dernière heure arrivée. Au moment où je pensais que tout était fini, le mur céda sous la pression des vagues et j'eus l'impression d'avoir été expulsée du ventre de ma mère.

Complètement choquée, mes vêtements arrachés, projetée à une centaine de mètres du mur, j'entendis alors la voix de Paul-Émile hurler mon nom. Je réalisai qu'il ne fallait pas perdre une minute pour rejoindre notre refuge avant qu'une autre vague m'emportât de nouveau.

Ne sachant combien de temps devait durer notre siège, nous nous étions, grâce à Paul-Émile, tant bien que mal organisés, en dépit des menaces constantes qui pesaient sur nous. Son sang-froid et sa vigilance d'homme d'action calmaient quelque peu nos angoisses et retenaient la panique qui pouvait surgir à tout moment.

Les trois couples que nous formions nous étions organisé des semblants de territoires dans cet endroit exigu. Chacun s'accrochait à son conjoint, le souffle si retenu qu'il en était inaudible, essayant de se rassurer en se tenant tout contre l'autre dans une terreur qui nous privait de parole. Nous étions coincés entre deux forces, celle de la mer qui se déchaînait en dessous de nous, soulevant en partie le plancher et noyant nos matelas, et celle du vent qui soulevait les tôles de la toiture, faisant pénétrer des trombes d'eau de pluie. L'une des femmes, ne sachant pas nager, avait du mal à contenir sa panique. Elle s'accrochait à une énorme bouée-chambre à air, craignant l'effondrement total de la maison. Cet assaut de la nature dura quarante-huit heures interminables, pendant lesquelles personne ne pouvait parler, paralysé par la peur. Tout pouvait s'effondrer d'une minute à l'autre.

Alors que j'étais réfugiée dans la prière, Paul-Émile, lui, gardait son flegme légendaire, se contentant d'observer les signes objectifs de notre situation. En homme habitué à affronter seul les situations les plus difficiles, il savait écouter la nature, aussi déchaînée soit-elle. Il nous disait simplement que nous n'avions rien à craindre car il sentait la force des vagues et du vent décroître peu à peu, ce que nous avions du mal à ressentir et à croire.

Lorsque le cyclone commença à se calmer, on put entendre le premier hélicoptère de secours nous survoler ! C'est seulement alors que je sortis pour signaler à l'équipage que nous étions vivants. Je pus alors me rendre compte de l'immensité des dégâts. C'était comme si nous avions subi un bombardement ; tout était anéanti, pas un seul endroit des quatre hectares de l'îlot n'avait été épargné. Les cocotiers et leurs palmes arrachées jonchaient le sol. Un véritable torrent de meubles cassés, de blocs de corail arrachés, d'habitations écroulées, d'amas de ferraille, de verre, de bateaux avait dévasté le motu. Nous déambulions au travers de ce gâchis comme deux fantômes, Paul-Émile essayant vainement de récupérer l'irrécupérable de son énorme bibliothèque, ses merveilleux livres, ses amis de toute une vie.

Je resterai très marquée par l'image de P.E.V. assis, seul, sur une caisse au milieu des décombres, dans un désarroi émouvant. Il n'était pas tant triste pour lui que pour moi, constatant que quelques heures avaient suffi à anéantir le travail forcené de vingt années de ma vie. J'essayais de cacher au mieux mon désespoir, mais je pensais au fond de moi que, la vie sur cet îlot s'étant écroulée, la nôtre ne pouvait plus s'y prolonger. Je tournais en rond, dans un état second, cherchant quelques repères sans plus rien reconnaître.

C'est alors que, dans cet amas de décombres innommables, mon regard fut attiré par une médaille minuscule en métal ordinaire représentant la Vierge Marie. Je me souvenais de l'avoir trouvée par hasard, par terre, quelques années plus tôt, sans savoir d'où elle provenait. Ayant d'abord failli la jeter, un sentiment de culpabilité m'en avait empêchée, et je l'avais accrochée à un clou dans la cuisine, sans plus y penser.

Et, pourtant, elle était là ! Comme un signe s'imposant à mon regard, je ne voyais plus qu'elle, seule figure de paix, de calme, au milieu de tant de violence, comme pour se rappeler à moi et me dire que nous devions accepter les épreuves sans jamais perdre espoir.

Et pourtant les questions tournoyaient dans ma tête, sans pouvoir y trouver de réponses ! J'avais consacré une grande partie de ma vie à transformer un lieu sauvage en un coin de paradis, ouvert non seulement à ma famille et à mes amis mais à tous. Je voulais tant pouvoir transmettre un bien-être lié à la beauté et à l'harmonie ! Pourquoi tout cela était-il renvoyé au néant ? J'éprouvais un sentiment d'injustice, de révolte, même. Y avait-il quelque chose à comprendre ? Que signifiait ce désastre ? Fallait-il partir ou rester ? Pour aller où ? Nul endroit au monde ne nous avait donné autant de bonheur, et puis la couleur du lagon était toujours aussi étincelante de lumière, chatoyante de tous ces camaïeux de bleu.

C'est alors que je m'adressai à Dieu comme à mon seul interlocuteur possible : « Qu'attendez-Vous de moi ? Je veux comprendre si cet anéantissement a sa raison. » Je savais intuitivement que Sa réponse viendrait seulement avec le temps. La vision de la médaille, encore présente à mon esprit, était comme Sa présence compatissante et rassurante. Il fallait que je Lui fasse confiance.

La paix de la nuit contrastait fortement avec la violence et l'étendue des désastres. Paul-Émile et moi-même exorcisions l'onde de choc du cyclone par la contemplation du dôme étoilé du ciel. Je crois bien n'avoir jamais vu autant d'étoiles filantes. Nous savions que les questions et les doutes reviendraient en masse, mais, pour l'heure, nous avions un sentiment d'irréalité totale.

Retroussant mes manches, je devais aller de l'avant, même si cela devait prendre à nouveau vingt ans. C'est alors qu'une première aide vint de la Marine nationale, qui mit une trentaine d'hommes à notre disposition pendant deux jours pour déblayer les dégâts les plus importants. Puis suivit l'armée, qui en fit autant. Au même moment, Stéphane, le fils de Paul-Émile, arriva. Nous tombâmes, effondrés, dans les bras l'un de l'autre. Il fut d'un secours inespéré. D'une grande compassion à mon égard et d'une efficacité digne de son père, il me permit de répondre aux premières urgences. Il fut aidé en cela par le fils adoptif de Paul-Émile, Sikki, un Tahitien costaud capable de transporter à lui tout seul un cocotier ou presque, et par Fafa, une amie îlienne dévouée. Ensemble, ils prirent l'initiative, alors que j'étais encore sous le choc, d'organiser avec méthode une nouvelle vie quotidienne pour nous tous.

De manière inattendue, nous fûmes soutenus par d'innombrables inconnus qui nous donnèrent du courage. Parmi eux, beaucoup de Français nous réconfortèrent par leur courrier plein d'affection, par de petits cadeaux venus du cœur, tandis que d'autres proposèrent aide et assistance. Tous ces témoignages étaient touchants et exprimaient un élan de solidarité qui faisait chaud à l'âme.

Pendant les semaines qui suivirent, seule à nouveau, je travaillais dix-huit heures par jour, faisant face à cette tâche gigantesque et décourageante. Et, tandis que je ramassais mes pierres une par une, mètre carré par mètre carré, j'essayais de comprendre le pourquoi d'un tel drame. Je restais persuadée que toutes les épreuves, quelles qu'elles soient, ont leur raison, à nous d'en comprendre le sens.

Je concentrais tout ce qui restait de ma force en un cheminement laborieux où seul le pas à pas comptait. Je ne pensais plus, je me contentais de ne pas m'arrêter. Jour après jour, mois après mois, j'accumulais les débris de meubles déchiquetés, les restes éparpillés de nos cinq bungalows détruits, réduisant en montagne d'objets broyés tout ce qui avait donné un peu de confort à notre vie. Par ailleurs, je devais déplacer des centaines de blocs de coraux dont certains pesaient plus de cinquante kilos. Je m'en servis pour transformer le chaos en reconstruction. « Grâce » à eux, je pus refaire des murs, des massifs, pour qu'un jour des fleurs puissent repousser... L'ironie de l'histoire ou du sort a voulu que le bungalow de Paul-Émile soit relativement épargné, si bien que mon tendre époux put très vite retourner dans son ermitage alors que j'étais condamnée aux travaux forcés. Je ressentais que cette épreuve était mienne et que je devais l'accepter pour la comprendre.

Je me mis en devoir de faire une lecture de ma vie, depuis mon enfance, pour rassembler les éléments majeurs qui pourraient m'apporter un indice. Je me rendis soudainement compte qu'au fil du temps l'une des caractéristiques était qu'on m'avait toujours volé tout ce que je possédais ou que j'avais acquis chèrement. Par exemple, lors de mes nombreux voyages en tant qu'hôtesse de l'air, j'avais pu acquérir de nombreuses pièces d'antiquité d'Iran, du Vietnam, de Thaïlande, d'Afrique, qui me furent par la suite toutes volées. Tous les bijoux et les meubles de ma famille qui me furent remis en héritage ainsi que ce que j'avais pu cacher dans des endroits inextricables comme la cabane que nous avions à Saint-Paul-de-Vence subirent le même sort. À intervalles réguliers, j'étais dépossédée de tous les biens reçus ou acquis chèrement.

Je réalisais donc qu'« on » m'obligeait à ne pas m'attacher aux choses matérielles, à avoir, vis-à-vis de tout bien, un sentiment de non-appartenance. Cette fois-ci, la leçon avait atteint son paroxysme, et je compris, outre que j'étais peut-être une mauvaise élève, que je ne possédais rien et qu'il me fallait surtout accepter que, d'un jour à l'autre, tout pût m'être repris. D'ailleurs, cette leçon n'était-elle que matérielle ? J'étais face à la question de la mort, de l'« intemporalité » de toute chose.

Cette acceptation progressive me donna la force de rester. Je puisais en moi l'énergie pour me régénérer et rebâtir. Après tout, même si j'avais vingt-cinq ans de plus et si je n'avais plus toutes mes forces d'antan, je compensais par une plus grande maîtrise et un savoir-faire. C'est ainsi que, peu à peu comme le Sphinx, Motu-Tane renaquit de ses cendres.

Je n'étais pas seule, bien loin de là. Des centaines de Polynésiens avaient eux aussi subi la même épreuve que moi. Plus habitués que nous à l'aspect éphémère de tout ce qui est matériel, ils acceptent davantage la précarité de toute chose. Dans ce climat collectif, cette sagesse et finalement cette confiance dans l'avenir m'aidèrent beaucoup.

À notre grande surprise, les amis de Paul-Émile lancèrent un appel à la solidarité en France. D'aucune façon nous nous sentions le droit de garder ces dons généreux. À nos yeux, ils devaient être partagés avec les nombreuses autres victimes du cyclone. Par ailleurs, l'État français, relayé par le gouvernement local, intervint très vite pour aider les plus démunis des sinistrés.

Mais, sur cette terre, rien n'est simple ni rose. Alors qu'un élan généreux venait d'ailleurs, des bruits médisants commençaient à courir çà et là. Selon ces dires avertis, nous aurions touché une fortune considérable. Par ailleurs, nous aurions profité d'aides spéciales, notamment de l'État, alors que nous avions été traités comme tous les autres Polynésiens – ce qui était tout à fait normal. Paul-Émile dut même sortir de sa réserve pour faire à plusieurs reprises une mise au point dans la presse.

Après délibération, la somme rassemblée par les amis de Paul-Émile, trop faible pour de grandes actions réparatrices, fut reversée intégralement à l'Association pour la protection de la nature de Bora Bora.

Autant j'aurais pu comprendre que ces jalousies pussent naître chez les gens les plus démunis, autant je fus blessée d'apprendre qu'elles venaient de certains proches. Rien ne m'était épargné par ces derniers – je subissais chantages, médisances et abandons. Je tiens à préciser que, parmi ces proches en question, il n'y avait aucun Polynésien.

Devant tant de méchanceté et de jalousie qui m'affectaient personnellement, je plongeai dans l'incompréhension et le désarroi. Il m'était plus simple de comprendre le sens du dénuement que celui de l'abandon.

Un jour, seule dans l'intimité de ma chambre que je venais de reconstruire, priant, un chapelet à la main, je contemplais l'image du Christ sur sa croix. Mon regard s'arrêta et ressentit toute la force du symbole de la croix. Il me semblait entendre les dernières paroles du Christ : « Père, Père, pourquoi m'as-Tu abandonné ? » Je le vis comme un être rempli d'amour qui pourtant avait subi les pires tortures de la part des hommes, ceux-ci le flagellant, l'humiliant, l'insultant, lui crachant au visage, lui faisant porter une lourde croix, une couronne d'épines sur la tête et enfin le crucifiant.

J'eus soudain conscience que cet homme, le Christ, avait connu toutes les injustices du monde, malgré tout l'amour qu'il portait en lui. Le doute qu'il avait exprimé montre à quel point il en vivait les blessures. Mais il n'en resta pas là et parvint à dépasser sa souffrance en pardonnant : « Pardonnez-leur, mon Père, car ils ne savent pas ce qu'ils font. » L'amour restait le plus fort. Il sacrifiait son corps mais pas son cœur. J'eus foi en cet exemple qui voulait parler à tous ceux qui, comme moi, se sentaient incompris. Il ne me servait donc à rien de prononcer une seule parole de reproche ou de haine, il me fallait faire confiance en la force de l'amour. C'est ainsi que j'appris peu à peu à ne pas juger mais à essayer plutôt de comprendre, à laisser dire, à pardonner. Une certaine harmonie s'installait entre ma vie intérieure et ma vie au quotidien. Je regardais maintenant les événements dramatiques du cyclone en spectateur moins partial, plus détaché, plus libre. Le pardon apparut comme une source inépuisable d'harmonisation qui, en respectant chacun, permettait la transformation de l'« amour-propre » en « Amour » tout court.

Le mot « Amour » prenait dès lors une dimension immense : le sens d'un rapprochement vers une Unité, un Tout. Le sentiment d'une grande puissance à notre disposition en permanence, une résonance au tout, une vibration émotive, un sens cosmique. Cela implique de s'ouvrir à lui par la tolérance. J'avais déjà ressenti cette expérience d'union à travers la méditation et, bien que fugitive, je l'avais intégrée au fond de moi.

Le mot « pardon » est l'un des devoirs pour servir le mot « amour ». Jusqu'alors, je ne m'étais jamais posé la question du pardon. J'avais fui ce problème en ne fréquentant plus les gens qui m'avaient blessée. Forte de cette prise de conscience, j'étais décidée à changer, et la vie s'en chargera très tôt au travers de cette histoire étonnante. Peu de temps après le cyclone, je fus obligée de recevoir à déjeuner une jeune femme qui m'irritait particulièrement. Je la rejetais sans doute injustement, mais je ne pouvais supporter son caractère d'enfant gâtée, ses caprices et sa façon d'être hautaine vis-à-vis des gens. C'est donc à contrecœur que je décidai de dresser la table. Je disposais les verres, et un phénomène absolument incroyable se produisit : les quatre verres posés explosèrent ! Il s'agissait pourtant de gros verres à whisky et non de flûtes en cristal. Je fus paniquée et, par acquit de conscience, allai chercher quatre autres verres qui eux aussi explosèrent dès que je les pris. Pour ne pas me blesser, je me protégeai le visage à l'aide d'un sac en plastique et, tremblante, je cherchai à comprendre. Était-ce moi, avec ma négativité, qui provoquais ce phénomène ou était-ce une onde de choc, mais, dans ce cas, elle aurait dû toucher tous les verres en même temps. Je repris avec la plus grande angoisse un neuvième verre qui se trouvait dans l'évier, et celui-ci explosa à nouveau. J'insiste sur le mot « exploser » car il ne restait que de la poussière de verre. J'arrêtai mon expérience au treizième verre.

Pensant que seules les vibrations pouvaient expliquer un tel phénomène, je fis le lien entre ces explosions et la négativité très forte que je ressentais vis-à-vis de cette personne. J'entendis alors nettement à l'intérieur de moi-même : « Il faut pardonner. » Je répondis machinalement, plus dans la peur que par conviction : « Oui, oui, je lui pardonne », tout en continuant à poser les derniers verres qui me restaient sur la table, et qui explosèrent aussitôt ! Affolée, je m'agenouillai à même le sol et, avec toute ma ferveur, je me concentrai, non pas pour obéir au pardon, mais pour le réaliser. Soudain, je me mis à pleurer car je pris conscience que c'était une enfant blessée et que derrière son apparente froideur se cachait un manque d'amour. Je lui envoyai alors de réelles pensées d'amour. À partir de ce moment-là, je me sentis sereine. Comme par hasard, tout rentra dans l'ordre, et plus aucun verre n'explosa. Nous vivons depuis lors une réelle amitié.

Je compris qu'effectivement nous ne sommes que vibrations, et celles que j'émettais étaient si discordantes qu'elles arrivaient à briser des verres grossiers ! Jusqu'alors, le mot « vibration » m'agaçait terriblement. Je pensais qu'il appartenait à la catégorie des illuminés ou des initiés. Dorénavant, ce mot prenait tout son sens. L'expérience de ce matin-là m'en démontrait la toute-puissance.

L'antipathie, l'intolérance et toute forme de négation sont des forces inimaginables, presque des outils, produits par les pensées qui ne sont en fait que des ondes vibratoires et qui ont en elles un pouvoir qu'on ne peut même pas soupçonner ! Les ondes négatives sont de véritables armes de destruction, au sens physique comme au sens moral du terme.

L'inverse est tout aussi vrai, ce qui veut dire que nous pouvons tout aussi bien participer à des événements futurs positifs ou négatifs par l'énergie qu'on émet. D'autres nomment ce phénomène l'« inconscient collectif ».

De ce jour, j'appris à pardonner, c'est-à-dire à dépasser tout sentiment de rancœur, ce qui n'est pas toujours facile. Si l'on est persévérant, même les pires hostilités peuvent être vaincues non par la force mais par l'amour. C'est bien le message du Christ qui, il faut bien le reconnaître, reste toujours aussi révolutionnaire. D'autres grands sages l'ont également affirmé. Je me souviens d'avoir lu un enseignement de Sa Sainteté le Dalaï-Lama qui affirmait que nos ennemis sont nos plus grands maîtres spirituels et qu'ils nous ouvrent la voie de la compassion et de la tolérance. On sait d'ailleurs à quel point lui aussi sait de quoi il parle !

Paul-Émile assistait avec bonheur aux profondes mutations qui s'opéraient en moi. J'essayais de lui transmettre cette foi dans la force de l'amour et du pardon qui animait désormais tout mon être. Il y devenait peu à peu réceptif, et je sentais qu'il se jouait là quelque chose d'essentiel.

Après cette période cyclonique, quatre années s'écoulèrent, et l'îlot retrouva, par notre volonté commune et l'omniprésence de cette confiance en nous, une luxuriance et une beauté nouvelles. Tout s'efface et tout recommence. La Polynésie n'était-elle pas, dans son esprit et dans son âme, le pays où l'espoir n'est pas un vain mot ?

9

L'accompagnement vers l'autre vie

Je t'attendrai jusqu'à la mort si nécessaire.
P.E.V.

Alors que la situation sur le motu s'améliorait, l'état de santé de Paul-Émile s'aggravait au point qu'il dut entrer dans une clinique. Une nouvelle épreuve s'annonçait.

Quelques mois plus tard, le directeur de cette même clinique me fit venir dans son bureau et, après quelques formules d'usage, m'annonça l'imminence de la mort de Paul-Émile, qui devait avoir lieu dans les jours à venir. Puis il poursuivit : « Quel service religieux désirez-vous pour votre mari ? » Abasourdie par le choc de cette nouvelle, j'opposai un refus catégorique de croire ce qu'il me disait et quittai son bureau précipitamment.

Je décidai de le faire sortir au plus vite, même mourant. Je n'aurais jamais accepté qu'il meure ainsi dans un centre hospitalier loin de son motu, et surtout j'étais décidée à ce qu'il vive encore. Grâce à la bienveillance du haut-commissaire qui mit son avion à notre disposition, je pus ramener Paul-Émile à Bora Bora et, de là, avec mon propre bateau, sur le Motu-Tane.

La clinique m'avait autorisée à le faire sortir avec une multitude de recommandations. Il avait besoin de soins constants, d'une infirmière à son chevet vingt-quatre heures sur vingt-quatre, etc. Pour moi, il était hors de question que ce soit un ou une étrangère qui soit plus présent que moi à son chevet. Personne ne pouvait lui donner autant d'attention et d'amour que moi. Nous avions cheminé ensemble pendant trente ans et il m'appartenait de l'accompagner jusqu'au bout durant chacun de ces précieux instants qu'il lui restait à vivre sur terre et de l'aider de mon mieux à se préparer au plus grand des voyages qu'il ait jamais entrepris : le voyage infini de l'âme.

En dépit de ma fatigue, je vécus cette année comme un don du ciel. Elle fut fondamentale, car je sentais que ce sursis lui avait été octroyé comme une préparation pour son passage dans l'au-delà. Je voulais l'y aider et essayer de lui transmettre ma foi pour qu'il parte avec un peu d'espoir. Je voulais aussi qu'il s'en aille tranquille, sans peur, la paix dans le cœur, et essayer de le convaincre qu'il y avait une autre vie ailleurs, encore plus belle que celle-ci, qui l'attendait et où j'irais le rejoindre. À mes yeux, notre travail d'écoliers de la vie terrestre n'était pas encore terminé.

Il déplorait tant cette déchéance ; dans sa tête, il avait encore deux cents ans à vivre. Tant de passions non assouvies, d'œuvres non lues, d'articles ou de livres à rédiger ! Il restait toujours prêt pour de nouvelles aventures. Récemment encore – il avait alors quatre-vingt-quatre ans –, j'avais eu beaucoup de mal à le dissuader d'acheter un ULM ! Il espérait vivre encore assez de temps pour être l'un des premiers voyageurs de l'espace. Et ce désir me semblait être le meilleur prétexte pour lui faire admettre qu'il y avait justement un autre voyage dans l'espace que celui qu'il imaginait et qu'il était tout aussi beau ! Mais, comme tout voyage, il supposait une sérieuse préparation. Je lui disais :

« Toi, le plus grand organisateur d'expéditions lointaines, préparant tout et ne négligeant aucun détail, comment peux-tu être aussi inattentif et attacher aussi peu d'importance à ce qui sera peut-être ton plus beau voyage ? »

Je m'aperçus que peu à peu ses réponses se faisaient moins rigides et qu'une ouverture commençait à apparaître. Mes amis proches, qui le côtoyaient souvent durant ses périodes difficiles, renforçaient à leur manière le doute qui peu à peu s'insinua en lui : « Et si jamais ? »

C'est ainsi qu'un jour je l'entendis déclarer, à ma grande stupeur, avec son air très dogmatique comme il savait le faire : « Être scientifique consiste à n'écarter aucune hypothèse, or personne n'a jamais prouvé que Dieu n'existait pas ! »

Lors de discussions de plus en plus longues entre nous deux et ses amis, il en vint finalement à admettre que tout le problème pour lui était dans la définition du mot « Dieu ». Ce simple fait qu'il ne nie plus, n'écarte plus, par simple commodité de langage, déclenchait à nouveau en lui la soif de l'explorateur.

C'est ainsi qu'il se mit à lire de plus en plus de textes qu'il lui aurait été impossible d'imaginer comme « compagnons » durant sa vie active.

On ne peut pas dire en toute honnêteté que Paul-Émile était devenu croyant, car il réfutait l'essence même de ce mot, cette démarche qui consiste à admettre sans justification. Mais un doute était au fond de lui qui allait lui permettre de faire aussi des expériences étonnantes.

L'une des plus troublantes fut celle que nous rapporta notre ami Daniel qui se trouvait auprès de lui à son chevet à l'hôpital. Paul-Émile l'interrogeait souvent sur le sens de la spiritualité orientale, désirant, à travers ses questions et ses interrogations émouvantes, mieux me comprendre pour finalement mieux échanger avec moi, ce qui voulait dire, entre parenthèses, qu'il prenait de plus en plus au sérieux mes propres repères.

Au détour de l'une de ces conversations, Paul-Émile lui révéla une expérience surprenante qu'il venait d'avoir et dont il voulait comprendre le sens. Il avait l'impression d'être entré dans un état particulier dont il savait sa maladie responsable, mais qui lui permettait de vivre une forme de profonde harmonie, comme si une voix intérieure l'avait touché. Et c'est avec pudeur qu'il lui tendit un papier griffonné sur lequel était inscrit un texte. Paul-Émile lui dit :

« Lisez-le, je ne sais pas si cela vous parlera, mais j'aimerais que vous le lisiez à Colette, peut-être ne croira-t-elle jamais que c'est moi qui l'ai écrit. D'ailleurs je n'en suis pas sûr moi-même. Appelle-t-on cela l'inspiration ? »

Paul-Émile avait trop l'art de ménager sa défense lorsqu'il sortait de ses sentiers battus ! Daniel le savait bien, mais il savait aussi que, derrière ce mot, il y avait l'aveu pudique d'une véritable ouverture intérieure. Cette lettre, c'était : *Je pars dans le vent.*

Au cours de cette expérience, Paul-Émile prit conscience que tout n'avançait pas par la seule raison. L'amour qu'il avait envers moi et qui d'une certaine manière l'obligeait à s'interroger, le doute face à la mort, l'envie de se préparer au cas où, tels étaient les facteurs irrationnels qui permettaient une transformation de son vécu intérieur. C'est sans doute pour cela qu'il s'était imprégné de phrases fortes au travers de lectures, d'interpellations au cours de ses discussions contradictoires. Il y avait en lui résonance d'un ailleurs.

De mon côté, j'étais persuadée qu'il s'était réfugié jusqu'alors, ou plutôt qu'il s'était emprisonné dans son statut d'homme de science. Et qu'à cause de cela il s'était interdit la découverte d'un monde présenté souvent d'une façon irrationnelle. Or il était très important pour moi de le persuader de la continuité de la vie par l'esprit.

Je suis convaincue que nous ne sommes qu'esprit ; c'est notre véritable état. Au cours de nos différentes vies, nous changeons de corps comme de vêtement, mais jamais d'esprit. Ce n'est que lui qui évolue, alors que notre corps est voué à la déchéance de la vieillesse, et enfin à la mort, pour devenir poussière et réintégrer l'état minéral.

Bien évidemment, Paul-Émile ne pouvait accepter de telles affirmations qui, pour lui, étaient des pensées toutes faites. Je me heurtais moi-même aux mots qu'il prenait en otage pour me mettre en difficulté, car je n'arrivais jamais vraiment à exprimer clairement ce qui était plus de l'ordre du sentiment et de l'intuition.

Au-delà de tous ces échanges passionnés, de ces discussions sur la vie, je ressentais qu'en fait Paul-Émile était agacé par de nombreux aspects de l'existence. Il me disait, lorsque nous parlions à ce sujet :

« Je ne supporte pas que l'on ne nous donne pas un programme de vie à notre naissance pour notre évolution jusqu'à la mort ! »

Il trouvait absurde que l'on doive se poser les mêmes éternelles questions depuis la nuit des temps : « D'où venons-nous ? Qui sommes-nous ? Où allons-nous ? » Et je m'entendais lui répondre :

« Dieu ne nous considère pas comme des enfants, mais comme des êtres réfléchis. Nous sommes seuls juges de ce que nous faisons de notre vie. Il est nécessaire que nous prenions conscience nous-mêmes de ce que nous voulons être. Personne ne peut vivre à notre place. De même que la jeunesse refuse d'écouter l'expérience des anciens, nous autres, jeunes esprits incarnés sur cette terre, devons faire nos propres expériences, assumer nos actes, nous responsabiliser, croître, servir. »

Cette place, cette importance de la conscience dans le débat spirituel, Paul-Émile l'acceptait volontiers. Une grande partie de ses travaux avait pour finalité la prise de conscience par l'homme et pour l'homme de l'importance du respect, que ce soit envers l'autre ou envers la nature, et ce respect devait se fonder sur la connaissance et non sur la simple morale.

Là où nous n'étions pas d'accord était sur ce qui fondait cette connaissance. Pour moi, il s'agissait de Dieu, dont les enseignements passaient au travers de vies exemplaires comme celles de grands saints et de prophètes de toutes les religions. Paul-Émile m'objectait : « Toi tu as la foi et moi je ne l'ai pas ! » Là encore, je sentais que nos divergences n'étaient pas si profondes, car il avait donné une importance quasi sacrée à ce qu'il croyait profondément même s'il ne l'avait pas nommé « Dieu ».

J'avais une sorte de pressentiment que notre couple était un compagnonnage qui dépassait la vie terrestre ; je voyais que nous étions liés par quelque chose de très ancien qui s'étendait bien en deçà et au-delà. Je n'ai jamais fait de régression dans des vies antérieures, ni Paul-Émile, pour savoir si nous avions déjà été unis. Mais malgré moi, bien souvent, je m'étonnais de ce curieux mariage d'un couple, qui comme le disait lui-même Paul-Émile, rassemblait au départ tous les paramètres d'un échec : différence d'âge de presque trente ans, lui divorcé, ayant déjà fondé une famille... Et il ajoutait : « Elle, enjouée, rieuse et cependant d'un tempérament inquiet ! Et moi l'emmerdeur, ours, et difficile à vivre ! »

« Aujourd'hui, après trente ans, continuait-il, nous formons un couple, un vrai, qui regarde dans la même direction, comme le disait mon ami Saint-Exupéry, parce que nous sommes l'un et l'autre de bonne volonté, et que nous n'avons jamais affronté de problèmes qui ne puissent trouver une solution satisfaisante pour l'un comme pour l'autre. »

Ce sursis qui nous avait été accordé était l'occasion d'aller plus loin encore dans l'amour qui nous unissait.

Le message d'amour du Christ m'apparaissait comme une œuvre à vivre au quotidien, humblement. Un peu de temps nous était accordé avant la fin de notre parcours terrestre en commun. Je me disais dans mon for intérieur que toutes mes conclusions spirituelles n'aboutissaient qu'à une réelle certitude : l'importance du pardon et de l'amour, et cela Paul-Émile le recevait sans plus de pudeur.

Tout ce qui devait se faire ou se dire devait être accompli avant ce départ. Or on ne donne jamais mieux tout cet amour sacré que l'on a au fond de soi que si l'on prend conscience que nous n'avons plus beaucoup de temps, qu'il s'agit des derniers instants.

Il faut rassurer celui qui va nous quitter, pour arriver à lui dire de toutes nos forces combien on l'aime. Cela peut paraître évident, mais tous ceux qui vivent en couple savent à quel point les blessures, les pudeurs et les doutes peuvent être pernicieux et préjudiciables à un état de paix.

Je crois qu'il est important que tous ceux qui partent se sentent libres de tout souci et de toute préoccupation matérielle ou d'appréhensions en ce qui concerne le devenir de ceux qu'ils laissent. Tout doit permettre leur détachement afin d'aller en paix vers la lumière.

Dans ce souci de faire au mieux, je pensais plus à donner qu'à recevoir, à dire qu'à entendre. Je fus émue lorsque, derrière son masque polaire, l'homme que j'aimais à son tour me dit une dernière fois encore toute sa tendresse et son amour immuable à travers cette lettre, alors qu'il venait d'avoir quatre-vingt-six ans.

Colette,

Cette lettre est une lettre d'amour. La n+1 (n, étant très grand, et 1, aussi).

Une, après plusieurs dizaines de milliers que je t'ai adressées depuis trente ans. Quelques-unes écrites. Beaucoup verbales. Et bien plus encore formulées dans ma tête, à chaque instant, mais non exprimées, plusieurs fois par jour...

Ce qui me navre, ce que me chagrine, vois-tu, c'est que tu n'aies pas l'air de me croire quand je te dis ou que je te montre, que je t'aime. Comment peux-tu ne pas me croire ? Alors que depuis trente ans j'ai toujours agi au maximum conformément à cet amour. Il me paraît impossible que j'aie été maladroit si souvent.

Voici plus de trente ans, en effet, que je t'aime. Et tu le sais bien. Je te le dis chaque jour, je te le répète à chaque instant. J'en multiplie les preuves. Sont-elles donc insuffisantes ? ou inadéquates ? Et pourtant que faire de plus que de te répéter (comme je le fais encore ici et maintenant) que je t'aime. Et de te dire que depuis plus de trente ans je n'aime que toi. De plus en plus, de mieux en mieux.

L'occasion m'en est donnée par ton anniversaire. Les fêtes, cela ne nous touche pas beaucoup, ni toi, ni moi. Mais pour moi, c'est néanmoins le désir, le besoin de m'exprimer, de t'exprimer mon amour. Car j'aime te le dire. Cela me donne un sentiment de sécurité, de confiance en toi (donc dans la vie) et en moi, une profonde tendresse chaude que je ressens d'ailleurs toutes les fois que je te regarde ou que je pense à toi. C'est-à-dire à chaque instant, chaque jour et chaque nuit, éveillé ou endormi.

Crois-moi, tout ce que je dis là ce n'est pas du « bla-bla ». Ce sont des vérités et tu le sais bien et tu peux t'en assurer en te replongeant dans toutes les lettres d'amour que je t'ai écrites. Auxquelles vient s'ajouter celle-ci. Et auxquelles viendront s'ajouter toutes celles que je continuerai à t'adresser quand je serai de l'« autre côté ». Je te le promets. Je me débrouillerai pour cela. Et si je n'y arrivais pas... ce serait à désespérer de ce que nous appelons Dieu.

Mais, grâce à toi, j'ai confiance (maintenant) en Lui. Je sens qu'Il est là pour nous aider, toi et moi. Maintenant et plus tard.

Aujourd'hui je relis encore sa lettre et je ressens la même fraîcheur qu'au tout début de notre relation. La fougue juvénile intacte de Paul-Émile, son amour vibrant, ses doutes et ses certitudes. Le témoignage de la foi, et sa promesse de s'adresser à moi de l'« au-delà ».

Et puis, un jour, son regard se ferma après avoir une dernière fois croisé intensément le mien, empli d'un amour sans fin. Son visage était paisible et serein. Nous étions en totale communion l'un avec l'autre. Ce n'était qu'un « au revoir » momentané.

Allongé sur son lit, revêtu d'un paréo bleu, il reposait dans une grande sérénité. Les oiseaux de son immense volière entourant sa chambre ajoutaient une note de joie dans cette atmosphère de paix. Fleurs, encens, musique douce de Mozart, prière l'accompagnaient.

La sagesse infinie des mots de saint Augustin m'apparaissait désormais clairement.

La mort n'est rien...
Je suis simplement passé dans la pièce à côté.
Je suis moi, vous êtes vous,
ce que j'ai été pour vous, je le suis toujours.
Donnez-moi le nom que vous m'avez toujours donné.
Parlez-moi comme vous l'avez toujours fait,
N'employez pas un ton différent
Ne prenez pas un air solennel ou triste,
Continuez à rire de ce qui nous faisait rire ensemble,
Souriez, pensez à moi, priez pour moi.
Que mon nom soit prononcé à la maison
comme il l'a toujours été.
Le fil n'est pas coupé
Pourquoi serais-je hors de vos pensées
simplement parce que je suis hors de votre vue?
Je ne suis pas loin,
juste de l'autre côté du chemin,
vous voyez! tout va bien.

Le cœur dans le ciel que Paul-Émile m'a envoyé n'appartient pas qu'à moi, car il est une invitation universelle à ne plus avoir peur des autres dimensions et à nous entraider et nous entr'aimer sur terre.

L'amour ne meurt pas, même lorsque la vie s'interrompt.

10

Les signes de l'amour

Chaque minute je te tiendrai la main
et tu sentiras ma main dans la tienne.
Jamais tu ne seras seule
... sauf quand tu le voudras.
Maintenant et après.
P.E.V.

Paul-Émile venait de nous quitter en s'engageant à me donner un signe.

Mais si ce néant s'avérait être trésor, je me battrais contre les puissances des ténèbres pour faire entendre ma voix, enrichie de cette expérience nouvelle, pour vous dire la promesse que j'aurais arrachée au silence...

Qu'allait-il advenir ? Je n'étais pas la seule personne qui avait connaissance de cette promesse. L'enjeu était donc de taille ; en même temps, il me semblait que l'on avait tout simplement osé formuler l'espoir ou les questions que les hommes se posent face à la mort.

Pour beaucoup, un signe venant du monde invisible est illusoire et traduit plus une faiblesse psychique qu'une forte lucidité. Pourtant, j'avais moi-même reçu de nombreux signes jusqu'alors. Pour moi, il ne faisait aucun doute qu'ils étaient le témoignage d'une autre réalité.

Ce que Paul-Émile allait ainsi m'enseigner était que ce qui fonde un signe est l'expression immatérielle de nombreuses choses existantes. Cela n'a rien de magique, car un signe est le résultat de choses vécues, communiquées, une forme de réponse subtile. Là est sa force.

Soit on nie le signe et l'on reste face au silence. Soit l'on s'ouvre aux signes de la vie et l'on ressent alors que tout est dialogue.

Au fond de moi, je savais que ce cœur m'était adressé. J'aurais pu croire qu'il ne s'agissait que d'un message à vocation universelle mais j'aurais par là même nié ce que Paul-Émile avait toujours voulu me traduire. J'avais d'ailleurs reçu comme par « hasard », juste avant cette cérémonie, une carte de notre ami Daniel. Il m'écrivait :

Paul-Émile m'a demandé comme à un ami de jeunesse de te dire à quel point il t'aimait. Il me soupçonne d'être plus écouté que lui... Colette, j'ai été le fidèle témoin d'un regard bleu qui s'éclairait d'une tendresse touchante lorsqu'il me parlait de toi. Il cherchait avec la ténacité d'un explorateur à te rejoindre dans ton monde qui lui paraissait parfois plus inaccessible que les pôles.

Ce qui est extraordinaire, c'est qu'il avait su trouver la plus belle manière, la plus poétique, la plus amoureuse, la plus jeune façon de me faire une dernière déclaration. Ce signe du « Cœur dans le Ciel » fut un véritable hymne à la joie qui résonnait en moi. Je percevais une force, un élan et un amour infinis. Je me fondais dans ce cœur et cet amour pour lui témoigner ma reconnaissance.

Je percevais aussi que cet élan d'amour était à partager avec sa famille. « L'amour plus fort que la mort. » Cette unité ne s'est jamais démentie. Même après leur départ, les enfants restèrent très proches de moi, par le téléphone, le courrier et les fax. Par toute la reconnaissance et la tendresse qu'ils surent m'offrir, je découvrais encore mieux la pureté et la profondeur de leurs sentiments.

Teva, ne voulant pas s'éloigner, resta neuf mois auprès de moi. Lui qui avait étudié aux États-Unis, qui passait souvent ses grandes vacances à voyager et avait déjà fait deux tours du monde, plusieurs expéditions au Tibet, en Chine, et même dans l'Antarctique avec son père, ne s'était guère retrouvé, depuis l'âge de neuf ans, plus de quinze jours de suite sur le motu, pour de petites vacances. Il y avait chez lui le désir de ne pas me laisser seule en même temps qu'un besoin de puiser dans la force de l'île, puisque l'esprit de Paul-Émile y était désormais partout.

Comme si un fil ténu continuait à nous relier, j'éprouvais un sentiment de non-séparation. Peut-être était-ce une grâce spéciale ? Je ne sais. Mais je me sentais en paix, dans un calme, une sérénité parfaits. Dans une chambre, une photo me reliait à lui. Il est immergé dans l'eau du lagon, seul son visage apparaît, radieux, dont le regard semble me parler intimement : « Aie confiance, je suis là ; notre complicité est plus forte que la mort. » Pour lui répondre, je lui fis un petit autel devant lequel je dépose tous les jours des fleurs de tiaré, un bouquet d'hibiscus et tous les petits cœurs sous forme de pétales de cire, de coquillages que je trouve sur le motu.

Tous ces cœurs sont pour moi des symboles d'union qui transcendent l'espace et le temps. La puissance accumulée pendant trente années d'aventure amoureuse continue en dehors des sentiers battus. Je me sens invitée par lui et avec lui à participer à une dimension de l'amour étonnamment plus vaste, en continuité avec un « au-delà ».

Très jeune, j'avais déjà eu le privilège de recevoir des signes de cet « au-delà » et d'avoir ainsi un lien avec lui. En effet, le premier signe que j'avais reçu était venu de ma mère, la première personne proche que j'avais vue mourir. Cela se passait à Arcachon, il y a une trentaine d'années. Ma mère était étendue sur le divan de sa chambre et ma sœur Christa et moi, priions à son chevet. Un jeune prêtre venu faire la cérémonie semblait débiter des prières à l'emporte-pièce, avec tant de froideur que nous l'avions mis dehors. Toutes seules devant notre mère morte, ma sœur fit appel à Dieu avec une très grande ferveur en disant tout haut : « Si maman est dans l'au-delà et heureuse, envoyez-nous trois petits oiseaux dans la chambre ! » Quelques secondes passèrent, puis, à notre grand étonnement, trois petits oiseaux entrèrent dans la chambre ! Nous étions transportées de bonheur. Ce fut le début de mon ouverture vers le monde invisible.

Des années après, sur le motu, j'appris la disparition d'un être cher à mon cœur, d'origine russe. Je fus bouleversée d'apprendre sa mort alors qu'il était encore jeune. Seule dans ma chambre, je me mis à genoux pour communier en pensée avec lui. Puis, dans le même élan de sincérité, je m'adressais à l' « au-delà ». « Envoyez-moi un signe, s'il vous plaît, pour me rassurer qu'il y a bien une vie parallèle et heureuse pour les êtres aimés. »

J'implorais une chose impossible et je le savais. Mais si j'étais exaucée, il n'y aurait plus de doute possible en moi sur l'existence d'un pouvoir de communication entre le ciel et la terre, par la puissance de la pensée.

Nous étions alors en 1977, il y a donc vingt ans. À l'époque, la radio ne diffusait exclusivement que de la musique polynésienne. Je suppliais en moi-même que l'on y passe un air de musique russe que cet ami et moi écoutions souvent. Au même moment, j'entendis la voix de l'animatrice annoncer : « Sur demande spéciale, nous avons le plaisir de vous faire entendre *Kalinka*, un air de musique russe. » Je m'effondrai en larmes de reconnaissance et de bonheur, trouvant incroyable que, sur la radio polynésienne, cet air ait pu passer. Et demandé par qui ?

Pour moi, il s'agit bien d'une communication entre deux mondes et qui sans aucun doute pourrait se vivre plus couramment si nous n'avions pas tant de tabous vis-à-vis de nos « morts », de ce monde invisible que l'on ne connaît pas et qui nous inquiète si souvent.

Je n'ai aucun don de médium et pourtant les échanges se font ! Je crois fermement aux possibilités présentes et futures qui s'ouvrent à chacun d'entre nous si nous savons nous ouvrir à elles. Et pourquoi ne pourrions-nous pas, un jour, communiquer à distance comme aujourd'hui on utilise le téléphone (qui aurait semblé invraisemblable à nos ancêtres) ? Il est important de témoigner, car de telles expériences sont sans doute plus répandues que les gens n'osent le dire en général.

Quelque temps après l'immersion du corps de Paul-Émile, à trois heures du matin, alors que j'étais endormie, je fus réveillée par sa présence. Une sensation étrange de vibrations surnaturelles me glaça de la tête au pied, prenant entièrement possession de tout mon être. Cette sensation physique n'était ni normale ni habituelle, elle venait d'ailleurs et m'investissait atome par atome. Je ressentais sa volonté d'une union intégrale, d'un corps à corps à la fois physique et spirituel. Je n'osais plus bouger, à peine respirer, tant la panique me tenaillait ! Et pourtant je savais que c'était lui. Il voulait m'assurer de son amour pour moi et que ce qu'il vivait maintenant avec intensité était encore plus beau et plus fort que tout ce que j'avais pu essayer de lui dire auparavant. Il y avait bien une autre vie après la mort, aucune interruption, mais un continuum. Je pressentais qu'une autre quête, une avancée nouvelle se préparait.

J'ai retrouvé, dans la volumineuse correspondance qu'il n'a cessé de m'adresser tout au long de sa vie, une lettre bouleversante, au caractère prémonitoire.

Colette,

Plus tard, dans très longtemps, lorsque je serai mort, un soir où tu seras assise dans un grand fauteuil moulé à ton corps suivant ton désir, un « souffle frais » passera sur ton front et dans ta main tu croiras sentir une main amie.

Ce sera moi, ma chérie.

Et tu verras, Colette ma chérie, peut-être pour la première fois, en regardant les vestiges de la tour que nous avons construite dans le ciel que, de tous tes amants, il en fut un et un seul qui t'aima vraiment.

Et tu souriras, car tu te souviendras que je te l'ai dit bien souvent, trop souvent peut-être. Tu souriras, tu te souviendras de moi mieux que des autres.

Je souhaite qu'à ce moment-là, le sourire aux lèvres, tu viennes me rejoindre enfin, car tu auras compris que tu n'as jamais eu qu'un seul ami, un seul compagnon véritable...

Tu viendras me rejoindre alors, parce que je t'attendrai.

Par la suite, il revint à nouveau. Ce fut une sensation tout aussi étrange, mais beaucoup moins glacée qui se produisit en moi. J'écrivis alors dans mon journal :

Paul-Émile est revenu à deux heures du matin. Il a d'abord tenu ma tête dans ses mains comme pour me rassurer. Puis, par ce phénomène de vibrations, son âme est venue communier avec la mienne en une union parfaite, le grand calme, dans l'unique, l'exceptionnel !

Je pense que Paul-Émile, qui dans la vie ne semblait pas du tout, en apparence tout au moins, intéressé par la spiritualité, était sans aucun doute une grande et vieille âme dont l'élévation spirituelle a pu lui permettre de se manifester et d'envoyer des messages.

Ses messages d'amour et d'enthousiasme et ces sensations vibratoires très étranges ne m'empêchaient pas de le laisser libre d'évoluer sur d'autres plans. J'ai toujours pensé que quitter son corps, c'est comme changer de vêtement – c'est aussi simple que cela. Les esprits émettent des vibrations que nous sommes capables de percevoir ou non. Nous ne devons pas, à la mort d'êtres chers, penser « perte », mais « délivrance » de ce corps qui est un peu comme une prison pour l'âme. Dès lors, la naissance à une nouvelle vie est possible. Ce passage vers une vie plus lumineuse est essentiel et nous devons tenter d'atténuer notre peine afin de leur faciliter cette transition. Dans la tristesse, on ne pense qu'au passé, alors qu'il faut s'ouvrir à un autre avenir qui peut être tellement riche et prometteur !

Dans tous les cas, il est fondamental d'ouvrir son cœur à celui qui est parti, de lui donner la possibilité de nous parler. Alors l'apparition de ces signes nous apportera, comme ce fut le cas pour moi, la preuve de l'existence des mondes invisibles et de leur non-séparation avec le nôtre.

Aujourd'hui, je suis à l'écoute, comme si un pont était tendu entre l'« au-delà » et « ici-bas ». La prière et l'amour sont les voies de passage directes les plus pures et les plus fortes pour se rejoindre.

De son vivant, Paul-Émile adorait me surprendre en train de chanter ; c'était une chose qui le bouleversait, il me regardait alors avec une reconnaissance et un amour infinis. Or, quelque temps après qu'il eut disparu, j'étais dans les eaux turquoises du lagon, seule, pensant à lui et à sa nouvelle vie, à son nouvel enthousiasme de pouvoir sans doute se déplacer dans le temps et l'espace, tout ce qu'il regrettait de ne pouvoir faire ici-bas. Je me mis à chanter de joie et tout en riant intérieurement je m'écriai : « Ah, Paul-Émile, si seulement tu me voyais, tu serais si heureux de me surprendre en train de chanter comme avant. »

Sa réponse arriva séance tenante. Levant les yeux au ciel, je revis le même cœur que le jour de son immersion, beaucoup plus près de moi et plus grand encore. Cela ne dura qu'un bref instant, comme un simple clin d'œil pour me dire : « Bien sûr que je t'entends, rien n'a changé, et j'aime t'entendre de la même façon. »

Pour moi, il y avait une chose fondamentale qui avait changé. Les rôles étaient maintenant renversés. Avant sa mort, c'est moi qui essayais de l'initier aux secrets de la vie après la mort. L'esprit seul pénètre tout. Aujourd'hui, c'est moi qui pose des questions. En voici une parmi tant d'autres : puisque nous ne sommes que vibrations, pourquoi les formes et la matière ? Pourquoi mes yeux voient-ils une table, une chaise, un rocher, la mer ? Pourquoi tous les humains sur terre voient-ils les mêmes formes ?

Chaque fois, Paul-Émile répondait. Cette fois-ci, la réponse arriva, mais pas comme je m'y attendais. Soudain, tout se transforma en pure vibration, rien n'avait plus de forme, j'étais soudainement plongée dans un univers d'ondes. Je ne voyais plus les troncs des cocotiers sous une forme concrète et stable mais sous une forme plus subtile et vibratoire comme s'ils n'étaient qu'énergie. Sa réponse, sous la forme d'une expérience, allait bien au-delà des mots et était bien plus profonde que toute tentative d'explication humaine sur l'énergie de l'univers. Paul-Émile m'initiait à son tour.

Je ne fus pas la seule à être témoin de ces signes presque quotidiens. Teva allait lui aussi partager avec moi cet échange hors du commun.

Pour commémorer le premier anniversaire de la mort de Paul-Émile, la poste émit un timbre à son effigie. J'étais en train d'écrire à ses trois enfants en France, leur rappelant le serment que nous avions prêté, main dans la main, sur son cercueil, d'une union familiale dans l'amour. J'apposai sur chaque lettre le tampon plein d'humour qu'il avait fait faire spécialement avant sa mort, où il s'était représenté un peu comme un « ange gardien survolant l'îlot et nous protégeant de ses ailes » ! J'avais à peine fini d'apposer le tampon qu'un ravissant « arc-en-ciel » s'incrusta juste en dessous. Étonnée, je crus d'abord qu'il s'agissait d'un reflet de la vitre, je déplaçai donc le papier à lettre, mais l' « arc-en-ciel » restait toujours au même endroit ; je partais à droite, à gauche, mais il était toujours là ! J'eus un sourire de joie et d'excitation lorsque je compris qu'il ne pouvait s'agir que d'un petit mouvement sentimental de Paul-Émile se rappelant à nous. Toute à ma joie, j'appelai Teva, qui dut constater que l'arc-en-ciel était toujours aussi vibrant. Il pratiqua les mêmes expériences que moi, déplaçant la lettre dans toute la pièce et dehors, pour en arriver à la même conclusion. Là, il se mit à pleurer d'émotion et me dit : « Maman, c'est merveilleux ! » Il le voyait comme il avait vu le cœur dans le ciel. Il était en même temps dérouté par la possibilité que son père avait de communiquer et la force qu'il employait pour dire qu'il était toujours bien là près de nous.

Dès le lendemain, il se manifesta à nouveau et d'une façon fort ingénieuse. Teva et moi dégustions une nouvelle recette de gâteau au chocolat aux noix particulièrement réussie. Teva, heureux, s'exclama : « Ah, papa, si tu étais là, tu apprécierais vraiment ! » J'ajoutai en riant : « Tiens, je t'en offre une part », et je fis le geste de lui tendre l'assiette.

Quelques minutes à peine après avoir débarrassé et tout rangé, je vaquais à de nouvelles occupations lorsque mon regard fut attiré dans l'atelier de mécanique vers une boîte à clous. Machinalement, alors que je ne vois pas grand-chose de loin sans mes lunettes, je m'approche et je trouve à l'intérieur de la boîte un cœur découpé dans du papier blanc. Interloquée et émue, je vais chercher mes lunettes et je lis : « Je suis profondément reconnaissant ! » Ce message était écrit à l'intérieur du cœur.

Je cours vers Teva pour lui raconter l'histoire, et tous deux nous rions aux éclats de l'invraisemblable coïncidence à laquelle nous assistons, tout en cherchant une explication tout de même !

On découvrit que ce cœur en papier avait été écrit, il y a plusieurs années, par mon amie Laura. Mais je l'avais jeté depuis belle lurette, il était donc impossible qu'il réapparût. Quoi qu'il en soit, par quel phénomène avais-je été attirée par cette boîte bien ordinaire, et à ce moment-là, c'est-à-dire quelques instants après que nous avions proposé cette part de gâteau à Paul-Émile ?

Paul-Émile s'est donc servi d'un objet existant déjà et par la force de son esprit m'a obligée à recevoir le message qu'il voulait me transmettre, toujours en forme de cœur ! Ainsi, ceux que nous appelons nos chers disparus n'ont pas disparu du tout ; ils vivent peut-être encore plus intensément que nous par leur esprit et leur cœur.

J'avais entendu parler d'un film, *Ghost*, qui évoquait ce type d'expérience. Une amie me le prêta, et je visionnai seule cette merveilleuse histoire d'un jeune couple. Séparé par la mort, le disparu cherchait par tous les moyens possibles à entrer en contact avec la femme qu'il aimait. J'étais extrêmement troublée et émue tant cette histoire se rapprochait de la mienne. Lorsque le film fut terminé, j'allai pour éteindre la télévision lorsque je découvris un phénomène invraisemblable ! Sur le mur, derrière la télévision, étaient d'habitude accrochés trois tableaux peints par Teva : l'un représente les signes symboliques préférés de Teva dans sa vie, le deuxième un superbe autoportrait, et le troisième sa propre main dans le rayonnement des énergies vibratoires.

Ce dernier tableau s'était décroché tout seul du mur et tenait sans support à angle droit dans le vide ! Qui d'autre que l'esprit de Paul-Émile aurait pu faire une chose aussi invraisemblable ? Comme s'il avait lui aussi assisté au film, il me signalait sa présence et me faisait savoir en même temps que, comme l'acteur, il ne lui était pas si simple de communiquer autant qu'il le souhaiterait avec moi. Comme pour lui dire que je comprenais son message, je pris le tableau, le serrai contre moi puis le reposai contre le mur.

Comme affranchi de ses entraves terrestres, l'esprit de Paul-Émile tentait de se déployer dans toutes les directions, et la vibration de sa présence se faisait effectivement sentir en de multiples occasions. Je me retrouvais subjuguée par sa volonté et sa capacité de communiquer avec moi par tous les moyens concevables et inconcevables : signes, contacts énergétiques, modification de perception, communion spirituelle et par-dessus tout le sentiment d'une absence totale d'interruption de notre amour, sa présence infinie.

Après toutes ces expériences, je ne pouvais plus regarder la réalité de la même manière. Je me ressourçais entre la terre du motu et le ciel étoilé. Je me remplissais de l'essence même du cosmos, de son énergie qui me nourrissait. C'est ainsi qu'un jour, en fin d'après-midi, alors que je regardais le coucher de soleil, je fus soudainement éblouie. Je fixais un arbre qui se trouvait face au lagon et j'aperçus... une lumière bleue, d'un bleu étincelant qui n'était pas de ce monde, et émanait de chaque côté du tronc. Cette lumière bleue qui vibrait n'avait rien à voir avec le bleu du ciel ni de la mer. Je n'avais jamais rien vu de tel et je poussai un formidable cri de joie et d'admiration. Elle s'en allait puis revenait, captivante.

Je décidai de revenir chaque jour, à la même heure et au même endroit, contempler le même arbre ; et le phénomène se reproduisit. Je me mis également à contempler les feuilles et, en effet, chacune d'elles avait sa propre lumière, sa propre émanation, son « aura » distincte. Je regardai ensuite d'autres arbres et je m'aperçus qu'ils avaient tous une « aura », une vibration extrêmement lumineuse. C'était toujours la même couleur vibratoire. Ensuite, je regardai au loin l'horizon, le récif de corail, la mer, la montagne de Bora Bora, et même les nuages. Cette « aura » bleue émanait de tout, à toute heure du jour et de la nuit, il suffisait que je regarde quelques secondes pour qu'elle apparaisse. Dans ma recherche de l'invisible, quelque chose de nouveau venait de m'être offert. Je me nourrissais de l' « aura » de tout ce qui vit, me donnant ainsi la chance de me rapprocher d'une autre dimension qui réclame une autre manière de voir.

L'aura peut se confondre avec ce que certains appellent le « corps subtil », c'est-à-dire une enveloppe énergétique. Ma première expérience de cette autre manière de voir m'avait appris que tout ce qui paraît concret n'existe pas vraiment, qu'en fait tout est vibratoire. Avec l'aura, une autre évidence se manifestait : ce qui existe ne s'enferme pas dans des formes précises. Il y a bien évidemment un angle symbolique non négligeable à entendre par là. Le fait de voir autrement oblige à avoir une autre approche de ce qui nous entoure. Par exemple, le fait de sentir une lumière se dégager de ces arbres les rendait infiniment plus respectables et non pas simplement plus beaux. La vie de la nature, ses palpitations devenaient évidentes, et une communication avec elle était possible. Beaucoup d'autres personnes qui sont proches de la nature ont constaté cela à leur manière, en affirmant par exemple que les plantes pouvaient souffrir ou s'épanouir selon l'attention qui leur est portée. L'amour, là encore, semble avoir des pouvoirs insoupçonnés.

La vie est sensible, vibratoire. Cette sensibilité, cette réceptivité sont partout, sous différentes formes. Tout semble obéir aux lois les plus subtiles. L'être humain n'est qu'une expression très évoluée de cette universalité. Tout n'est qu'un dans l'Unique. Pour avoir accès à ces expériences spirituelles, je ne pense pas qu'il faille de prédispositions ni de circonstances particulières, comme beaucoup sont enclins à le croire. Il est en effet très simple de déclarer que quelqu'un est illuminé parce qu'il voit les choses autrement. Or ce n'est pas un scientifique qui pourrait contredire la différence entre ce que l'on perçoit communément et la réalité des phénomènes. Serions-nous donc condamnés à ne voir que grossièrement ? Je pense qu'en fait nous ne prenons pas la peine ou n'osons pas développer tous nos sens.

Cette réflexion vaut pour ce qui se passe après la mort. On sait bien qu'il y a une transformation et que rien ne meurt vraiment, si ce n'est la forme. Mais notre esprit est incapable de concevoir le lien, le chaînon manquant, et se persuade donc qu'il est encore plus inimaginable de le percevoir.

Or, à dire vrai, si l'on y réfléchit, l'esprit d'un mort n'est pas plus mystérieux que celui d'un vivant. On ne peut toucher l'esprit : il n'a ni couleur, ni forme, ni parfum, ni goût. Les fonctions sensorielles habituelles ne s'y appliquent pas, et l'on est en droit de se demander s'il n'en va pas de même pour les qualificatifs de vie et de mort. On ne peut le contacter que d'esprit à esprit, de cœur à cœur. L'esprit semble être une onde que rien ne peut arrêter dans le temps et qui continue sa course à travers l'univers.

Tous les signes sont des liens avec la partie invisible de la réalité pour nos sens, bien plus complexe et plus poignante qu'on ne l'imagine. En tout cas, pour moi, ils furent à chaque fois une initiation, une ouverture d'esprit, et pas seulement parce que j'ai bien voulu croire mais parce que j'ai bien voulu m'ouvrir.

Je suis sereine, joyeuse. Paul-Émile et la vie m'ont répondu : il y a bien une dimension spirituelle de l'existence. Recevoir ce message de Paul-Émile lui-même était pour moi comme une double preuve car j'avais tant connu son scepticisme sur terre. Je reconnaissais là aussi son intégrité face au fait. Même s'il avait toujours été enclin à croire le contraire, il déclarait l'évidence que la mort lui avait permis de percevoir.

11

L'aventure de la mort et de la vie

L'aventure n'est pas un vain mot,
elle est partout.
P.E.V.

Paul-Émile, lors d'un débat à la Guilde du raid au Forum de l'aventure, à La Plagne, disait un jour, devant de nombreux jeunes ne croyant plus que l'aventure soit encore possible aujourd'hui :

Toute aventure commence par le rêve, l'imagination.

Sans rêve, sans imagination, l'aventure ne peut être que déception. L'aventure peut avoir plusieurs facettes comme un diamant, sachez les découvrir. Aujourd'hui, plus encore qu'hier, le monde est plein d'injustices, des peuples entiers sont exterminés ou en voie de l'être, des famines tuent des êtres par milliers, des sécheresses, des inondations, des tremblements de terre, des souffrances humaines liées à la guerre. Peut-être parce que ce qui est fragile est le point d'orgue de la création, le point le plus ultime d'une construction, et il est toujours plus facile de détruire que de construire.

Transformez l'aventure, faites-la vôtre, d'esprit et de cœur, à la mesure de votre idéal humaniste.

Faites une action personnelle, ou participez à un mouvement, une association d'entraide humanitaire.

Il y a dans ces aventures une grande part d'actions, de risques, de danger, de courage, d'exploit, mais avec, en plus, un but louable et généreux, une main tendue vers une majorité de gens qui souffrent de par le monde. Sachez voir sans œillères !

L'aventure n'est pas un vain mot, elle est partout. Soyez les « forces vives » d'une nouvelle ère de salut. Soyez solidaires de ce monde, dont nous ne pouvons plus ignorer les douleurs. Quelles que soient vos motivations personnelles, politiques, religieuses, bouleversez vos idées, prisonnières de votre cadre et de votre environnement privilégiés.

Dynamisez un mouvement culturel, agricole, médical, un mouvement de bâtisseurs, ou d'ingénieurs. La liste est longue de ces jeunes volontaires d'une aventure enrichissante.

Créez, entreprenez, participez, soyer les nouveaux aventuriers de demain. Prenez à bras le corps l'aventure dans son sens le plus noble. Ayez foi dans votre aventure et dans l'avenir de l'homme. Quel aurait été le sens de notre vie sans vous ?

Quel serait le sens de votre vie si après vous, lorsque vous serez vieux, vous n'aviez pas semé une graine qui germera ?

Paul-Émile avait su parler au fond de chacun, réveiller la force potentielle de tous ceux qui l'admiraient. Il fallait, comme il le disait si souvent, « aimer, croire, et espérer ».

Comme un Bédouin dans le désert, chacun de nous est sur son îlot, entre le « cosmos » et son « petit moi », se sentant à la fois petit et grand, placé au cœur d'une grande aventure. L'aventure sur terre est en fait une aventure au sein de l'univers.

Au-dessus du lagon, par les nuits sans lune, il y a tant d'étoiles qu'on dirait qu'il n'y a presque plus de place pour la nuit. En regardant ce spectacle grandiose, on oublie trop souvent qu'on a une place dans cette immensité, que notre horizon réel est bien au-delà de l'océan.

Être en symbiose complète avec l'univers est une extraordinaire sensation existentielle. On se sent faire partie d'un tout, en osmose avec tout. Ce sentiment d'exister au cœur d'un grand ensemble est la toute première condition pour faire partie de l'aventure. C'est l'engagement de notre vie face à l'inconnu qui va en faire toute sa richesse. Se rappeler sans cesse notre appartenance incontestable à l'univers fonde le respect que chacun nous doit. Cela permet d'imposer, quand il le faut, le respect de sa place, condition indispensable pour que notre aventure ait lieu avec tout son sens et toute son originalité. Pour moi, si l'homme pouvait s'évader de sa prison de chair, il comprendrait tout ce que raconte la terre, et tout, dans la nature, lui serait une leçon ; il s'ouvrirait à l'immense unité de la vie.

Il est d'ailleurs significatif de voir à quel point, de nos jours, le sentiment d'exister s'affaiblit. Le manque de foi dans l'« au-delà » fait que l'existence se limite dans l'esprit de beaucoup à cette vie terrestre. De plus, la société rejetant bon nombre d'individus, l'existence terrestre est menacée. Quelqu'un au chômage n'existe plus socialement aux yeux des autres. La famille étant parfois elle-même menacée, l'existence au sein de ce noyau s'affaiblit aussi. Il y a une véritable crise de la foi en son existence même dans le temps présent. Cela peut expliquer qu'un sentiment dépressif renforce l'idée que la vie est peu de chose et qu'elle va s'arrêter très vite. Il y a un manque de confiance dans le fait d'exister, d'appartenir à l'univers et d'être inclus dans une force qui nous dépasse mais nous remplit. Croire que cette force ne nous abandonne pas, ne nous laisse pas sur le bord de la route pour peu qu'on s'accroche à elle, c'est croire que rien ne peut l'arrêter, que la mort est un passage nécessaire et non un néant. Dès lors, on peut croire que l'aventure durera toujours.

Des êtres engagés comme sœur Emmanuelle, sœur Teresa, de Calcutta, l'abbé Pierre, ont tous en commun cette extraordinaire confiance en l'existence. De leur regard se dégage une lumière qui témoigne de leur perception visionnaire.

Pour chacun d'eux, l'existence est ce qu'il y a de plus essentiel, d'inébranlable, et toute leur énergie personnelle est focalisée sur l'amour qu'ils témoignent à son égard. Un enfant des bidonvilles, un intouchable, un sans-logis sont autant d'existences hors de prix. Rien n'a plus de valeur à leurs yeux.

Mais renforcer son esprit, est-ce répondre aux grandes questions ? Le pourquoi de la souffrance, le vrai sens du mot « Dieu », la nature ultime des choses, de l'amour... Bien évidemment j'aimerais pouvoir y répondre. Mais cette tentative serait bien prétentieuse à mon niveau. Peut-être empreinte du pragmatisme de Paul-Émile, je préfère me poser les questions qui jalonnent les sentiers de l'aventure et dont les réponses servent au moins à avancer.

L'une des grandes questions dont j'ai souvent débattu avec lui est celle-ci : « L'aventure personnelle est-elle déjà écrite avant que l'on naisse ? » Pour Paul-Émile, évidemment, rien n'était jamais écrit d'avance. Pour lui, penser le contraire annulait non seulement le sentiment de liberté mais surtout la valeur de l'éthique. Il me disait :

« S'il était écrit que l'on fasse le bien, quel mérite en a-t-on, et s'il était écrit que je fasse le mal, en quoi suis-je condamnable ? »

Il posait là la question du « libre arbitre ».

J'avais un avis non pas complètement opposé mais différent. Ma conviction était et reste que nous sommes venus sur cette terre avec un plan préétabli, toujours inconscient et, ici-bas, nous laissant juges des directions à prendre à chaque intersection. Pour moi, il y aurait en fait un mélange inextricable de contrainte et de libre arbitre que chacun rencontre dans sa vie. J'aime cette image qui compare notre vie à une tapisserie dont on pourrait dire que la trame et les dessins existent déjà, à nous de choisir... de broder avec du fil, du coton, de la laine, de la soie, du fil d'or ou d'argent. À nous aussi de choisir des couleurs, vives ou pastel, harmonieuses ou discordantes. Ce choix est totalement nôtre.

L'univers et les mondes ont été créés par une intelligence suprême que l'on nomme « Dieu », cause première de toute chose. La Terre n'est qu'une minuscule parcelle de ce système. C'est une Terre d'évolution – un cycle évolutif de l'inconscient vers le conscient. Sur notre Terre, on est passés du big bang à l'ère primaire, on en est à l'ère technique, et l'on se dirige vers l'ère du vaisseau, l'ère de la spiritualité – en continuelle transformation.

Il en est de même pour l'homme dans son évolution obligée. Chaque vie est une occasion de rendre à sa pureté originelle l'énergie divine que nous avons disqualifiée par nos erreurs passées et présentes. J'aime comparer la vie à un théâtre où nous donnons le meilleur de nous-même. À la mort, la pièce est finie, nous retournons en coulisse et nous nous remémorons tout ce que nous aurions pu améliorer, et, à chaque passage sur scène (ou sur Terre), on nous redonne une nouvelle chance de tendre à la perfection, le directeur étant Dieu.

C'est ainsi que j'essayais d'expliquer à Paul-Émile que nous seuls avons choisi un plan d'évolution pour notre retour sur Terre. La science, aujourd'hui, a découvert à travers des expériences de NDE (Near Death Experience) qu'à notre mort nous passons dans un tunnel noir pour sortir vers la lumière et que le film de notre vie se déroule à toute allure devant nos yeux. Suivant le bilan de nos actions, bonnes ou mauvaises, le seul but étant la perfection divine, nous seuls nous sanctionnons. Nous sommes à la fois juges et victimes. Après notre mort physique, il n'y a ni enfer ni purgatoire, c'est nous-mêmes qui sommes notre propre tribunal. Soit nous nous élevons vers les vibrations d'amour et de lumière, soit nous sommes plongés dans les ténèbres de nos propres remords car, dans notre nouvelle situation d'esprit sans corps, nous n'avons plus rien à quoi nous raccrocher – l'argent ou les honneurs ; l'autorité s'écroule. C'est probablement là qu'après avoir fait le point nous décidons de revenir sur Terre pour une nouvelle aventure d'évolution de nous-mêmes, nous redoublons notre classe en quelque sorte, pour acquérir le diplôme final qui n'est autre que la reconnaissance de Dieu, but suprême de la perfection, amour et connaissance en tout.

Pour donner un exemple étonnant de ce que j'appellerais la « prédestinée », je ne puis m'empêcher de faire un retour en arrière – j'avais alors dix-huit ans environ. J'étais allée voir une voyante à Cannes. Elle m'avait dit des choses étranges mais dont je me souviens parfaitement :

« Vous allez rencontrer un homme beaucoup plus âgé que vous, il pourrait être votre père. Il est divorcé avec trois enfants. Il est très connu, il est très médiatique, il passe souvent à la télévision, il fait des conférences, il voyage beaucoup dans les pays très froids... Ah ! je vois ! me dit-elle avec beaucoup d'aplomb, vous allez épouser M. Jacques-Yves Cousteau. » Abasourdie, je la pris pour une folle et partis. Aujourd'hui, j'en ris encore, car elle n'était pas passée bien loin de la vérité, aussi invraisemblable que cela paraisse.

Je suis convaincue que tout ce qui nous arrive a sa raison que la raison ne connaît pas. À nous de le comprendre par un questionnement judicieux sans hésiter à nous remettre en question. Les leçons que l'on peut tirer dans notre chemin de vie sont autant d'enseignements qui permettent de surmonter les nombreux obstacles, de faire face à nos engagements antérieurs.

La trame d'une vie, comme je l'imagine, est cet ensemble de lois inéluctables auxquelles nous devons nous confronter. Selon notre passé, notre comportement présent, nous créons notre futur. En fait, Paul-

Émile et moi-même étions d'accord sur le fait qu'il y a une règle du jeu dans l'aventure, la même pour tous. Je rajoutais seulement le poids du passé, mais n'est-ce pas parce que j'en connaissais les profondes marques ? C'est en cela que, pour moi, l'aventure est individuelle, qu'aucune ne ressemblera jamais à une autre.

Pourquoi l'aventure de la vie semble-t-elle facile pour certains et accablante pour d'autres ? Paul-Émile n'était pas homme à se lamenter ni sur son sort ni sur celui des autres. Certains le trouvaient même dur. En fait, face à la souffrance, il réagissait en homme d'action. Pour lui, les difficultés n'avaient pas forcément un sens, c'est-à-dire n'étaient pas le résultat de prétendues mauvaises actions antérieures. Il se révoltait même lorsque j'osais lui objecter que les douleurs physiques qu'il éprouvait étaient peut-être liées à ses vies passées. Il me répondait : « Alors, j'ai dû être un tortionnaire ! » Pour lui, ce qui comptait était de regarder la difficulté en face, de la comprendre pour arriver à la dépasser au mieux. Lui regardait devant et moi peut-être derrière, là encore nos perspectives se différenciaient, car Paul-Émile se préoccupait de la « tenue de route » et moi du « vécu des bosses ».

J'accordais effectivement beaucoup plus d'importance au sens de la souffrance. Ce sens est pour moi relié à ce que j'ai appelé la « trame préétablie ». Il est en fait très difficile de l'expliquer sans heurter, car, dans un premier temps, cette vision peut paraître rude et expiatoire. Or il ne s'agit pas du tout de dire que quelqu'un qui souffre « paie » et qu'il n'a qu'à accepter sa pénible condition.

D'un autre côté, je lui disais qu'un homme heureux ne se remet plus en question. C'est peut-être pour que les hommes changent, passent à un autre état de conscience qu'il y a tant de souffrance et de désarroi moral. Ce n'est que par la souffrance que l'on comprend les autres. Ce n'est qu'en partageant la souffrance des autres que l'on peut les secourir, puisqu'on les comprend. Sachons voir que la souffrance peut nous être envoyée comme leçon pour nous grandir, aller au-delà de nos limites. C'est le mental qui se révolte, et ce qui nous semble un fruit amer et injuste peut être profitable à notre âme. Car nous sommes avant tout ce corps spirituel de lumière et d'amour habillé de notre corps physique, quelles que soient les vibrations mentales de notre conscience, les peurs, les doutes, les manques, les jalousies, les rancunes, etc. Elles peuvent se traduire par des symptômes corporels. Je pense que les maladies ou les souffrances qui nous viennent du mental (dépressions nerveuses, etc.) sont pour la plupart le résultat de vies dont le sens est faussé. Pour un être qui vit avec la présence de Dieu en lui, il n'est plus question de déséquilibre psychique. En vivant dans l'esprit et l'ouverture à Dieu, l'homme serait maître de beaucoup de maladies, de souffrances, et serait en paix avec lui-même.

Un événement étonnant peut servir d'exemple. Trois ans avant la mort de Paul-Émile, j'étais extrêmement fatiguée après une longue et dure journée de travail. Mon corps, exténué de courbatures, me faisait terriblement mal, et, pour une fois, je pris cinq minutes de repos et m'écroulai sur une chaise longue, lorsque à quelques dizaines de mètres de moi, passa en clopinant sur ses deux cannes, grimaçant de douleur, ce pauvre Paul-Émile, qui depuis tout jeune acceptait de vivre les souffrances dues à sa sciatique comme une seconde nature.

C'est alors que, révoltée, je m'adressai à Dieu en Lui hurlant une supplication :

« Je vous en supplie, foutez-lui la paix au moins cinq minutes dans sa vie, il souffre nuit et jour depuis que je le connais, accordez-lui cinq minutes de répit, je suis prête à tout pour cela, envoyez-moi sa souffrance ou la mort, ce que bon vous jugerez, mais de grâce ! »

Et, alors que j'étais encore sous l'intensité de la concentration et la ferveur de ma prière, je sentis un soulagement total de mes propres douleurs ; je ne ressentais plus aucune courbature, une énergie folle s'empara de moi, une envie de me lever, de courir, la vivacité et l'ardeur d'une adolescente !

N'y comprenant rien, je m'écriai :

« Mais, Seigneur, vous vous trompez de personne, j'ai demandé pour lui, pas pour moi, je vous en supplie ! » Complètement incrédule devant ce qui m'arrivait, je téléphonai à mon amie Julia et je l'entendis me répondre :

« Colette, ça arrive sur Terre, on choisit sa vie, sa famille, ses épreuves, son destin et même l'heure de sa mort, on n'en est pas conscient, bien sûr, mais Dieu lui-même ne peut rien changer à notre choix. Par contre, ta sincérité l'a touché, c'est vers toi qu'Il a prodigué Sa grâce, puisqu'Il ne pouvait rien faire pour lui. »

Nous n'avons pas les éléments pour savoir qui « il » ou « elle » était et avait fait avant de revenir sur Terre. Un maître a dit : « C'est dans le désespoir qu'on trouve l'espoir. » Au travers des épreuves et de la souffrance, l'homme est diminué à en perdre ses repères ; c'est ainsi que la vie nous apprend l'humilité, nous recentre sur nous-même, nous amène à nous reconsidérer et à regarder avec un œil plus indulgent le monde autour de nous. L'épreuve est constructive pour le fort et destructive pour le faible. Elle sert à l'homme à réagir et à se dépasser. Accepter l'épreuve c'est se purifier et se rapprocher de Dieu.

Le plus extraordinaire est la suite de cette histoire. Alors que durant cinquante ans il avait souffert sans discontinuer et qu'il bénéficiait de toutes les formes de soins de la part des plus grands spécialistes du monde entier, un jour, sa douleur allait disparaître.

J'étais à ses côtés et lui proposai qu'il se joigne par la pensée à un groupe de prières qui jour et nuit répondait aux appels de détresse. À bout de ressources, il accepta de tenter l'expérience. Quinze jours plus tard, il ne souffrait plus et en fut le premier étonné. Pour moi, l'explication était évidente, il s'était ouvert à la force de la prière et avait donc pu en bénéficier. C'est en cela que l'on peut dire que « Dieu ne peut rien changer à notre choix », c'est-à-dire que seule notre propre ouverture intérieure peut permettre l'évolution d'une situation difficile. « Choisir sa vie » veut dire la même chose. Rien n'est imposé par une volonté extérieure, surtout pas par Dieu ni aucun mauvais génie. C'est l'apologie du libre arbitre. Même s'il paraît difficilement concevable que l'on choisisse volontairement une souffrance, il faut comprendre que l'enrichissement personnel que l'on peut en retirer lorsque l'on arrive à la dépasser fasse imaginer que les épreuves sont des passages obligés et que les esprits très évolués puissent les souhaiter. Par exemple, combien de « victimes » de graves maladies disent à quel point leur cœur s'est ouvert. Combien de traumatisés ayant connu des comas dépassés ont un nouveau regard sur la vie bien souvent empli de compassion ?

Finalement, ces réponses qui paraissaient brutales se révèlent d'une insoupçonnable richesse et sont la marque d'un grand respect vis-à-vis de toute épreuve. En fait, en dépit des apparences, il n'y a pas de vie plus facile qu'une autre. Chacune a ses temps de joies même au milieu de la misère et ses temps de désespoirs même dans les plus beaux palais.

Plutôt que la question de la différence apparente entre les difficultés de vie, il semble bien plus fondé de se demander quels sont les moyens de les dépasser. Or c'est justement la manière de les regarder qui permet de les accepter et de les faire évoluer. Pour moi, dans les moments les plus difficiles, le moyen le plus efficace a toujours été la prière. C'est à travers elle qu'eut lieu ce long et patient travail d'ouverture de moi-même dont les résultats me paraissent aujourd'hui miraculeux tant mon désespoir fut parfois profond. C'est également grâce à la prière que m'est venu peu à peu ce sentiment d'osmose avec le tout, et que la loi de l'amour et du pardon transfigura ma vision du monde. Grâce à ce lien qu'est la prière, j'ai réussi à me convaincre que je n'étais pas seule, coupée de tout dans ma souffrance physique ou morale, car Dieu est omniprésent et omniscient, Dieu nous entend et nous aime.

Je fais appel à la prière lorsque je suis découragée, démunie, ou tout simplement, à tout moment, je me relie à Dieu. La prière est un élan de pure foi et d'amour – peu importent les mots –, une élévation de l'âme vers le Créateur. La prière permet de recevoir les forces nécessaires mais il faut continuer ces appels régulièrement et avoir foi d'une manière permanente car sans elle on ne peut rien construire. La prière est la nourriture de l'âme. Tout comme le corps a besoin d'aliments pour subsister, l'âme doit vivre. Trop souvent, nous la mettons à la diète alors qu'elle est affamée.

Il n'est pas nécessaire d'avoir une méthode pour prier, il ne s'agit pas d'une pratique extérieure formelle. Ma façon de prier est un moment d'intimité, de repos de l'esprit ; je m'isole quelques minutes, plusieurs minutes, plusieurs fois par jour avec Dieu. Je Lui parle avec ferveur et grande sincérité comme à un confident. Je Le remercie souvent, et je ne doute jamais qu'Il m'accordera ce que je Lui demande si ce sont des choses justes, et sans jamais Lui imposer de temps. Lui seul sait ce qui est bon pour nous.

La foi et la prière peuvent contribuer au soulagement de la souffrance et parfois à la guérison, mais, parfois, une autre surprise nous attend. L'exemple de l'appel que j'avais fait pour Paul-Émile le prouve.

L'amour doit être le tissu même de notre vie afin que les déchirures se referment sans de trop grandes cicatrices. L'amour doit être partie intégrante de tout ce que l'on fait aussi bien dans nos tâches quotidiennes, notre profession, nos relations humaines. Nous devons tenter de développer cette capacité d'aimer qui est en nous.

L'amour se travaille. Si l'on souhaite tendre vers ce but de perfectionnement, cela exige de soi une persévérance, une discipline, beaucoup d'humilité et d'observation de soi-même.

Tous les grands artistes, pianistes, peintres, musiciens, sont des êtres qui ont accepté efforts, douleurs, des heures et des heures de travail car ils savent au fond d'eux qu'une harmonie est en train de naître. Ce patient travail, cette formidable confiance dans l'expression possible d'une vie ne doivent jamais nous quitter. L'aventure de la vie peut se transformer en aventure d'aimer. N'est-ce pas là, en dépit de toutes les peines, le plus beau défi qui mérite d'être vécu ?

12

Le chemin de l'amour

Celui qui aime ne
se trompe jamais.
Antoine de Saint-Exupéry

En mai 1995, deux mois après la mort de Paul-Émile, l'occasion m'a été donnée de faire une petite retraite sur la presqu'île de Tahiti. Je me trouvais seule *popaa* parmi soixante-dix femmes polynésiennes. Il s'agissait là de former de petits groupes d'une dizaine de personnes, d'échanger nos problèmes majeurs et nos souffrances. Au moyen d'exemples, les anciens de cette communauté prenaient tour à tour la parole pour relater devant tous leur propre histoire et la manière dont ils s'en étaient sortis.

J'avais été frappée de constater que le problème commun à toutes ces femmes était d'avoir été battues ou violées, elles ou leurs enfants, et ce par des maris, des oncles ou des frères sous l'emprise de l'alcool. Le problème majeur de la Polynésie est causé par l'alcool, qui détruit autant les familles que l'individu. Le Polynésien a une apparence nonchalante, une attitude chaleureuse, mais malheureusement sa violence se déchaîne dès qu'il est ivre. Sa femme, le plus souvent, se réfugie dans les églises pour y trouver un réconfort, des chants adoucissants. L'intimité de la maison de Dieu lui apporte à la fois une écoute et un espoir.

Je n'ai aucun mal à me remémorer la douceur de vivre polynésienne, l'enchantement des rires, des bringues, le son des ukulélés tout le long de la route de ceinture lorsque je suis arrivée en 1961.

L'aéroport venait de s'ouvrir et chaque arrivée d'avion était un événement qui attirait toute la population. Chaque passager était repéré et chaque Polynésien proposait son aide comme si l'on appartenait déjà à sa famille. Ils apprenaient d'ailleurs très vite nos noms et il n'était pas rare de se faire interpeller dans la rue : « *Ha'mai.* Viens manger ! » exprimant leur amitié immédiate.

Les marques de la modernité étaient rares. Seuls quelques privilégiés bénéficiaient du téléphone. Il était fréquent d'entendre l'opératrice répondre : « C'est pas la peine que tu appelles un tel, il n'est pas chez lui, je viens de le voir passer. » Il n'y avait que quelques voitures et un seul feu de signalisation au carrefour du Pont-de-l'Est. Le feu rouge était plus souvent un prétexte pour faire tranquillement la conversation.

Un bouleversement trop rapide s'est donc produit en trente-cinq ans. Pour quelles raisons un si petit pays enchanteur est-il aujourd'hui ravagé par la violence, l'alcool, la drogue, les morts sur la route, la pauvreté de certains ?

Paul-Émile, dès les années soixante, avait fait tout ce qui était en son pouvoir pour mettre le gouvernement français en garde contre les bouleversements de la société polynésienne que créerait le programme des essais nucléaires. Il avait proposé d'utiliser les îles Kerguelen, quasiment inhabitées. Il ne fut pas écouté.

On ne peut nier que l'arrivée massive d'argent, de produits de consommation, bouleverse l'équilibre d'une population aux plaisirs simples et tranquilles. Ce problème de l'intrusion du modernisme dans les sociétés traditionnelles se pose dans le monde entier. Ce qui est dramatique, également, c'est que l'équilibre de la nature a lui aussi été perturbé. La nature souffre comme l'homme, mais par l'homme. Or l'homme conditionne la qualité de la Terre qu'il habite et dont il dépend. Tout est lié et l'on peut dire qu'actuellement elle est la résultante de notre conscience. Il ne semble pas, malgré leurs prétentions, que les sociétés modernes aient le niveau de conscience collectif le plus évolué dans ce domaine. En fait, dans les sociétés traditionnelles, le rôle de la nature est majeur. Elle conditionne leur vie matérielle et spirituelle. On peut trouver naïf de croire en l'aspect sacré de tel arbre, mais ce regard a au moins l'avantage d'imposer le respect. Pour nous, Occidentaux, la nature n'a plus rien de sacré, ce qui traduit bien la perte de notre lien avec l'univers. L'homme est devenu égocentrique.

Paul-Émile ne pouvait pas rester les bras croisés devant l'ampleur sans cesse croissante de la dégradation de la nature. C'est ainsi qu'il créa une association pour la protection de l'homme et de son environnement. Il demanda la participation de Jacques-Yves Cousteau, Haroun Tazieff, Alain Bombard, Jacqueline Auriol, M. Debat, M. Leprince-Ringuet, entre autres. Cette association fut très active pour les problèmes de l'eau, des forêts, des espaces verts notamment. Il élabora la Déclaration des droits de la nature.

Déclaration des droits de la nature

La Bible le dit : « L'homme a été créé pour dominer la nature ! » On pourra discuter tant qu'on voudra du sens de cette parole, on pourra l'interpréter comme on voudra, comme on interprète le mot « liberté » donnée à l'homme par Dieu. Il reste que « dominer » veut dire « asservir, subjuguer, diriger, soumettre, etc.

Et l'homme n'a pas hésité, en effet, depuis toujours à dominer la nature !

Mais, on pouvait s'y attendre, comme se révoltent les peuples « dominés », la Terre se révolte aujourd'hui. Et si l'homme a menacé (jusqu'ici) la nature, celle-ci le menace à son tour.

Oui, l'homme est menacé par la nature, bafouée, saignée, amputée par lui.

Il n'est plus possible aujourd'hui de considérer la nature comme les pièces indépendantes d'un puzzle. Il ne s'agit plus seulement de chercher à éviter le trou d'ozone, ou le taux de CO_2 dans l'atmosphère ! ou le manque universel de bois ! ou la vivisection ! la liste est longue. Il est temps de regarder la nature comme un tout et de passer un traité avec elle.

L'homme, pour assurer sa sauvegarde, doit traiter avec la nature.

De même qu'il y a un texte, traduit par des lois pour les « droits de l'homme », de même est-il urgent d'établir un texte pour les « droits de la nature ». Et de faire des lois internationales pour les appliquer et contrôler leur application.

Ce lien à la nature est un point fondamental de la notion de force universelle, qui est dans l'Univers. La nature comme l'homme en sont des manifestations.

Paul-Émile a été le précurseur de la protection de l'environnement, mais trop tôt, et il fut incompris. Je me souviens que la télévision de Tahiti lui refusait le temps d'antenne en disant : « Vous allez les embêter avec l'écologie et vos messages de protection de l'homme et de son environnement... »

Il était, comme moi-même, « polynésien de cœur et d'adoption ». Il ne cessait de répéter :

« Votre pays est peut-être le seul où la paix règne, gardez-le comme votre plus grand trésor, que la Polynésie soit un miroir où le monde entier pourra se regarder dans l'harmonie et la paix. »

Actuellement, notre fils Teva, qui a vingt-six ans, prolonge à sa manière l'engagement de son père. Avec des amis de différentes nationalités, il vient de créer le Mouvement pour la protection du lagon de Bora Bora. S'adressant à la population locale, il écrit :

Bora Bora n'a qu'un seul trésor – son lagon.

Disons-le haut et clair : la pollution, l'exploitation abusive, la destruction de ce lagon, équivaut à la mort de notre île et à sa disparition de toutes les cartes touristiques du monde.

La menace existe, la destruction est déjà en marche – elle est lente, insidieuse, à peine perceptible –, elle fait partie de notre quotidien et souvent de nos habitudes. Nous ne réagissons plus. Nous comptons sur les autres.

Nous vous proposons de réagir – nous vous invitons à participer, avec nous, à notre Mouvement pour la sauvegarde du lagon de Bora Bora.

Notre objectif est clair. Et nous ne voulons, à aucun prix, en faire un enjeu politique.

Les moyens ? Éveiller les consciences, rendre public le péril. Enseigner à tous les usagers du lagon comment le préserver, comment lui redonner son éclat d'antan, comment ressusciter le corail, les poissons, les mollusques, comment lui rendre sa palette de bleus.

Depuis fort longtemps, j'ai moi aussi envie de me battre à côté de ceux qui cherchent à faire évoluer le monde. Depuis toute jeune, j'ai au fond de moi le désir d'aider autrui mais cette tâche m'a toujours semblé immense. Bien sûr, l'aide de proximité m'a toujours paru évidente dans l'écoute des personnes malheureuses que j'ai rencontrées. J'ai cherché à trouver une solution à ma portée, allant des conseils positifs à l'hébergement sur le motu. Cet îlot fut d'ailleurs bien souvent un havre de paix pour ceux qui avaient besoin de se ressourcer.

Ce fut au cours d'un congrès d'associations humanitaires à Agen, organisé par notre ami Patrick Edel, que j'ai eu l'occasion de me rendre compte du nombre d'associations existantes. Certaines avaient d'énormes moyens, d'autres se distinguaient par une récolte des fonds artisanale.

Je me souviens d'une femme qui vendait des brioches sur les marchés le dimanche pour faire vivre un village en Inde. Avec ce simple moyen, elle avait réussi à ouvrir un dispensaire, une école, et même une petite structure hospitalière. Lorsqu'elle présenta son action, le courant ne passa pas, car elle ne disposait d'aucun film, d'aucune diapo par manque d'argent. De plus, elle n'était pas réellement une professionnelle diplômée, ce qui agaçait tous ceux qui voulaient que l'humanitaire se professionnalise. Faisant partie du jury qui devait attribuer des prix, j'ai dû me battre afin qu'elle en obtienne un, récompensant ainsi tous ceux dont la seule arme est le cœur.

J'avais aussi eu l'immense désir d'aider sœur Emmanuelle du Caire, et j'avais même commencé à récolter des films animaliers superbes offerts par des cinéastes généreux afin de percevoir quelque argent en faisant des conférences. Je devais la rencontrer fortuitement au cours d'un dîner offert pour son œuvre, où j'étais assise par chance en face d'elle. Son rayonnement m'éblouissait, mais on la sentait mal à l'aise au milieu de tant de nourriture gaspillée. J'en vins à lui soumettre mon idée. Me regardant droit dans les yeux, elle me déclara :

« Ma chère petite dame, vous avez un mari et un enfant, vous devez d'abord vous consacrer à eux. Lorsque vous aurez accompli ce devoir, alors, il vous sera possible de vous consacrer aux autres. »

Sa réponse me parut très réaliste, car je n'étais que de passage en France et il m'aurait été difficile effectivement d'aller au bout de mon engagement.

Bien plus tard, j'entendis à la radio un appel déchirant d'une femme remarquable qui, ayant elle aussi monté son association, Appel-Détresse, à Nantes, faisait appel à la générosité bien connue des Polynésiens. Son appel m'alla droit au cœur et je lui fis un don qui me permit d'entrer en contact avec elle. Un courant très fort passa entre nous et je l'invitai sur l'îlot.

Je fus très impressionnée par son courage et son indéfectible énergie à courir de par le monde au secours des plus pauvres des pauvres, récoltant et distribuant argent, vêtements, nourriture, se faisant aider uniquement par des personnes bénévoles.

Je lui laissai entendre que dès que je serais entièrement libre je l'appellerais pour qu'elle puisse me permettre de l'accompagner dans l'un de ses voyages.

Ce fut donc quatre mois après la disparition de Paul-Émile que je la contactai. Je m'attendais éventuellement à participer à un voyage quelques mois plus tard. Quelle ne fut pas ma surprise d'entendre : « Rendez-vous dans huit jours à Manaus. Je vous faxe les détails de notre lieu de rencontre. »

Je n'étais pas sortie de mon îlot depuis plus de dix-huit ans et voilà qu'il me fallait être au cœur de l'Amazonie dans quelques jours. Je ne savais même pas me servir d'une carte de crédit, mon passeport n'était pas à jour, bref, j'étais devenue une « extraterrestre ».

Mais je savais qu'il fallait rompre le cordon ombilical avec l'îlot du Motu-Tane, rompre aussi avec la douceur d'une vie simple et confronter mon regard sur le monde à celui de sa réalité. Je savais, moi qui n'avais pas connu les cités surpeuplées, avec tout ce que cela comporte d'agitation, de bruit de trafic, de pollution, que ce voyage serait un chemin de croix. Mon seul bagage : une foi chevillée.

Débarquant à Santiago, je fus frappée par la vision d'une multitude de petits métiers oubliés depuis longtemps en Europe : vendeurs à la sauvette, enfants ou adultes munis de plateaux à bretelles regorgeant de pâtes dentifrices, de lacets de chaussures, de chewing-gums. De Santiago, je partis pour Manaus. Sœur Adénaïs, soixante-dix-huit ans, m'attendait. Turque, elle parlait parfaitement le français ; d'une énergie débordante, elle semblait toujours prête à rendre des services. Je me sentis tout de suite rassurée en sa présence, d'autant qu'elle m'annonça qu'une Française, Thérèse, arrivait par le prochain avion de France.

Elle avait créé, au milieu des pires bidonvilles de Manaus, une école de mille deux cents élèves. L'association Appel-Détresse avait fourni des matériaux, et les gens du quartier avaient eux-mêmes construit la cantine et l'école.

Elle m'entraîna dans les quartiers les plus miséreux. Ce fut une vision dantesque d'échafaudages de taudis, de passerelles et de ruelles sur de gigantesques pilotis de six mètres ou plus de hauteur pour échapper aux crues du fleuve. Tout menaçait de s'écrouler à tout instant. D'autres favelas s'étendaient sur des dizaines de kilomètres dans les périphéries de la ville.

Chaque jour y venaient, de plus en plus nombreuses, des familles entières, démunies et sans travail. Chaque jour, on empiétait sur la forêt amazonienne à coups de tronçonneuse pour libérer des lopins de terre. Des familles s'y entassaient sur vingt mètres carrés de latérite rouge, ravinée par des pluies.

Une gamine qui avait l'air d'avoir douze ans, squelettique, nous dit qu'elle avait quatre enfants dont le dernier avait treize jours. Il n'y avait ni eau ni latrines, et les femmes et les enfants portaient des seaux au bout de longues perches sur leurs épaules, des kilomètres durant.

Sœur Adénaïs et Thérèse parlaient à tous ces gens pour évaluer leurs besoins urgents. « Ce qu'ils veulent, c'est avant tout que leurs enfants puissent avoir à manger, ne serait-ce qu'une fois par jour, me dit la sœur. Mais il n'est pas question de les transformer en mendiants ou en assistés. Pour y arriver, on a un système de tickets. Chaque ticket vaut une louche de nourriture. Lorsqu'un enfant a les mains et le corps propres, cela vaut un ticket. Si leurs cheveux sont bien brossés : un ticket. S'ils sont polis, s'ils nettoient la cour... bref, tous les actes leur apprenant l'hygiène et le sens civique sont récompensés. Ainsi, ils gagnent leur nourriture, et leurs efforts peuvent même leur permettre d'avoir la fierté de rapporter de la nourriture à leurs familles. »

Quelques jours plus tard, nous remontions les affluents du Rio Negro. Après de longues heures, on arriva à Bodalé, le village le plus reculé que nous avions pu atteindre. Une dizaine de familles, les « saigneurs d'Amazonie », y vivaient dans des *falés* sur pilotis, en bois souvent pourri. On les appelle ainsi, parce que, du temps des marchés florissants du latex, ils s'étaient aventurés seuls à l'intérieur des forêts et saignaient les hévéas sauvages pour en faire des boules de latex. Le prix du latex ayant chuté, tous ces travailleurs étaient restés sur place sans ressources. Ils n'existaient pas pour le gouvernement, qui n'avait aucun intérêt à les reconnaître, et ne pouvaient même pas acheter leur terre, car comme beaucoup d'endroits en Amazonie, tout appartenait aux multinationales. Ils revendiquèrent donc quelques malheureux kilomètres le long du fleuve, mais ils savaient qu'ils devraient attendre des années pour avoir une hypothétique réponse et qu'en attendant ils seraient probablement expulsés.

J'étais consternée de voir ces êtres qui demandaient simplement à exister et se heurter aux murs infranchissables de l'égoïsme mercantile.

Le triste constat allait se confirmer à Santa Cruz, en Bolivie. À la périphérie de cette ville, là encore des centaines de pauvres hères s'amoncelaient sur des terrains vagues. Les vagues successives d'arrivées formaient des anneaux autour de la ville. Le plus récent, où nous nous rendions, était le septième. Ce fut, à nouveau, une vision dantesque. Chaque famille était recroquevillée sur une paillasse innommable, couvrant un bout de sol à peine plus grand qu'elle. Au-dessus de leurs têtes, comme seul abri, quelques morceaux de sacs plastiques déchirés posés sur quatre bouts de bois laissaient évidemment passer la pluie, le froid, la neige. Ils s'accrochaient pourtant à ce minuscule point d'ancrage car, s'ils s'absentaient plus d'une heure, le peu qu'ils avaient serait volé et leur terrain occupé.

Toutes ces familles venaient d'anciennes mines d'or, d'argent ou d'étain. Comme toutes les richesses minières étaient aux mains de multinationales, le cours de ces métaux montait ou descendait au gré de leurs seuls intérêts. Si bien que les mines fermaient quand bon leur semblait, mettant à la rue des milliers de gens. Et, pour qu'elles rouvrent, ces habitants se transformeraient en esclaves ne demandant pas mieux que de gagner un salaire de misère.

J'étais révoltée, car on ne peut imaginer un tel système sans complicités, c'est-à-dire sans corruption de la part d'une poignée de personnes politiquement importantes à la tête de chacun de ces pays. En fait, tous ces pays regorgent de richesses et leurs populations font partie des plus pauvres du monde.

Le lendemain, une visite aux sœurs de Calcutta allait me mettre du baume au cœur, une raison d'espérer encore en l'être humain. Je vis de très jeunes et jolies jeunes femmes vêtues de saris blanc et bleu se dévouant auprès des plus misérables. Elles accueillaient au sein de leur couvent les délaissés d'une société désespérée. Attardés mentaux, mutilés, orphelins et personnes âgées étaient nourris à la cuillère, soignés, bref, respectés. J'étais fascinée de voir tout l'amour qu'il y avait dans leurs gestes.

Après Santa Cruz, nous partîmes à La Paz, capitale de la Bolivie. Les plus pauvres étaient sur les hauteurs de la ville et sur les hauts plateaux qui la bordent. La misère était mieux cachée, car colorée.

Les femmes étaient revêtues d'amples jupes de couleurs vives mises les unes sur les autres. Elles avaient l'habitude de filer la laine de leurs lamas de façon traditionnelle chacune de leur côté. À travers l'association, elles avaient pu se regrouper et apprendre une manière de travailler plus fine et plus soignée. Ainsi les objets faits pouvaient-ils être exportés à l'étranger, ce qui était beaucoup plus rentable pour les familles.

Mon voyage s'arrêta là et je rentrai sur le Motu-Tane à la fois bouleversée et révoltée. Ce face-à-face avec la misère du monde avait été brutal. Jamais je n'aurais imaginé à quel point elle était grande et surtout à quel point elle pourrait être évitée. C'est cela qui me révoltait. L'aide que l'on pouvait apporter, aussi merveilleuse fût-elle, me paraissait dérisoire tant l'ampleur de la tâche était immense.

La misère du monde est autant morale que physique. Je priais longuement. Que faire ? J'étais seule sur un petit îlot et consciente que je n'avais aucune spécialité pouvant être utile sur le terrain. Je revoyais souvent des scènes furtives de mon voyage qui m'avaient marquée, comme cet enfant au bord d'une route qui, d'un sourire, m'avait tendu son cœur et sa tendresse avec naïveté. Je pensais à son futur.

Au cours d'une vie, qu'ai-je appris, finalement, si ce n'est que l'espoir a comme sens caché celui d'aimer, de pouvoir aimer ou d'être aimé. J'ai suffisamment manqué d'affection dans ma jeunesse pour savoir à quel point l'espoir d'être aimé est fragile et qu'un rien peut l'animer ou l'éteindre. L'amour est la clé de voûte de chaque existence. J'en étais convaincue avant ce voyage mais cette fois-ci l'évidence était encore plus grande. Si ceux qui prennent les décisions politiques et économiques du monde aimaient seulement un peu plus, il n'y aurait pas toute cette misère, ces solitudes, ces abandons.

Mais cela vaut aussi pour chacun de nous. Pourquoi ne parle-t-on pas du seul progrès d'aimer comme de la priorité des priorités de chaque vie. Quelle valeur et surtout quel sens a le modernisme sans cette perspective ? Tout cela, tant d'autres l'ont déjà dit bien mieux que moi, se sont révoltés, ou ont fait de leur aventure de vie l'incarnation de la force d'aimer.

Il ne m'était plus possible de continuer comme avant en ermite au milieu de tant de beauté. Un jour, une évidence s'est imposée à moi : vendre le Motu-Tane, le seul endroit qui me soit cher, le seul que j'aie entièrement enfanté et que j'aie vu grandir en m'y attachant chaque jour davantage. Grâce à cet argent, je pourrais aider de telles associations qui ont le courage d'essayer.

Je ne ferais pas mieux qu'une autre et sans doute moins bien, mais je ne voudrais pas laisser éteindre une flamme d'espoir.

Mais l'idée de quitter mon Motu m'est terriblement douloureuse car chaque parcelle de ces quatre hectares a été défrichée, puis plantée, choyée, construite avec acharnement et difficulté par moi.

J'avance, je recule, j'avance devant une probable échéance d'avoir à quitter mon paradis. Il me faut me séparer de ce lieu imprégné d'amour et de tant de bonheurs partagés avec un homme aimé et un enfant que j'ai vu grandir dans la beauté magique des lagons. Pourtant, il me faut pouvoir tourner la page de ce grand livre de ma vie, sans pleurs ni regrets.

Paul-Émile a dessiné un cœur dans le ciel, je décide de tendre le mien.

Table

Tous les droits d'auteur sont reversés intégralement aux Restaurants du Cœur.

Parus dans la collection « Aider la vie »

Kofi Yamgnane
Droit, devoirs... et crocodile, 1992.

Du crocodile, animal totem des Bassars, la tribu dont il est issu, l'auteur a appris que nous avons autant de devoirs que de droits. Un récit porté par le charisme et la force d'âme d'un homme qui s'est entièrement dévoué à la cause des autres.

Abbé Pierre, Bernard Kouchner
Dieu et les hommes, 1993.

Les deux hommes les plus populaires de France parlent de Dieu, de la célébrité, de l'illégalité et de l'indiscipline, de la bombe démographique, de la souffrance et de la mort, du droit d'ingérence...

Martin Gray
Vivre debout, 1993.

Pour nous aider à répondre aux questions d'un monde en mutation, l'auteur de *Au nom de tous les miens* nous incite à trouver en nous-mêmes les moyens de faire face : penser, agir, créer, vivre passionnément. Une véritable leçon de vie.

Laurence Ink
Il suffit d'y croire, 1994.

Une jeune Parisienne révoltée découvre la sauvagerie des terres vierges du Québec. Aventure terrienne : l'apprentissage de la forêt, de la faune et de la solitude. Aventure intérieure aussi vers la sérénité, l'authenticité, et message d'espoir. Un grand livre de nature.

Alexandre Minkowski
Le Vieil Homme et l'amour
Donner sa chance
à chaque enfant du monde, 1994.

Conseiller scientifique de l'association Partage avec les enfants du monde, le grand spécialiste de la néonatalogie parcourt depuis des années la planète souffrante pour mettre en place des équipes de psychiatres et de psychologues pour aider les enfants victimes de toutes les détresses. Un livre-message, qui n'oublie pas les nécessités du cœur.

Sa Sainteté le Dalaï-Lama
et Jean-Claude Carrière
La Force du bouddhisme
Mieux vivre dans le monde d'aujourd'hui, 1994.

Au sein des monastères de Dharamsala, un échange particulièrement enrichissant entre une figure spirituelle universellement reconnue et un écrivain passionné, proche de la culture orientale : grâce à eux nous est rendu accessible tout ce que le bouddhisme peut nous apporter à nous, Occidentaux, dans notre époque de doutes et de tourments. La pensée bouddhiste se révèle ici, puissante, constructive, confiante.

Marie de Hennezel
La Mort Intime
Ceux qui vont mourir nous aident à vivre, 1995.

Depuis près de dix ans, Marie de Hennezel est psychologue dans une unité de soins palliatifs où l'on

accompagne ceux qui sont au bout de leur vie. Et cette difficile nécessité d'appréhender la fin, elle la vit pleinement avec ces « mourants » qui, dans l'humilité où les a plongés la souffrance, se sont révélés des maîtres.
Un livre exceptionnel dont François Mitterrand, dans sa préface, dit qu'*il est une leçon de vie et que la lumière qu'il dispense est plus intense que bien des traités de sagesse.*

Vénérable Hénépola Gunaratana
Méditer au quotidien
Une pratique simple du bouddhisme, 1995.

Méditer pour accéder à la nature même de la réalité. C'est ce que le Bouddha réalisa il y a vingt-cinq siècles, lorsqu'il découvrit la méditation de la vision intérieure. Aujourd'hui plus que jamais, cette méditation – présentée ici avec la plus grande clarté – est la vraie réponse à nos besoins spirituels et un formidable moyen d'échapper au stress moderne.

Mario Mercier
Le bonheur est fait d'instants successifs, 1996.

Ce poète, peintre visionnaire et écrivain, nous propose une vision du Bonheur musicale, sensitive, positive. Par l'énergie qu'il nous transmet, et par son optimisme, ce livre peut devenir un véritable compagnon.

Malhon Johnson
Au-delà du miracle, 1997.

En 1992, au cours d'une autopsie, le docteur Malhon Johnson est contaminé par le sida. Ce médecin veut l'espoir et se bat pour trouver lui-même une solution thérapeutique. Aujourd'hui il n'y a plus de trace de la maladie dans son sang : son combat a marqué un tournant dans la guerre contre le virus.

Patrick Henry et Marie-Pierre Borde
La Vie pour rien, 1997.

Clodos, vagabonds : où qu'ils soient ils dérangent. On les dit plus nombreux, plus jeunes, mais eux, qui n'ont plus les mots pour s'exprimer, que « disent-ils » ? Patrick Henry, qui fut leur premier médecin, et Marie-Pierre Borde, infirmière, témoignent dans cet essai d'une grande intelligence humaine.

Léon-Claude et Pierrette Lepelletier
Nous marcherons ensemble, 1997.

Il perd ses deux jambes à la fin de la guerre, elle est estropiée à la suite d'un bombardement. Tous deux ont à peine vingt ans. Mais l'amour est là et ils se font une promesse : celle de vivre. C'est cinquante ans d'une formidable bataille pour la vie et la dignité que nous raconte aujourd'hui ce couple extraordinaire.

Marie de Hennezel et Jean-Yves Leloup
L'Art de mourir
Traditions religieuses et humanisme spirituel
face à la mort aujourd'hui, 1997.

L'auteur de *La mort intime* et le prêtre et psychologue Jean-Yves Leloup nous offrent une réflexion à deux voix sur les questions spirituelles soulevées par la mort dans notre société moderne. Ils nous disent la nécessité de réintroduire la mort dans notre champ de conscience et de pensée afin de retrouver un *Art de mourir* tel que dans les grandes traditions spirituelles.

Bruno Gaumétou
Cette vie que la mort m'a donnée, 1997.

Jeune marié, Bruno Gaumétou apprend, à vingt-trois ans, qu'il a deux cancers. Durant dix ans, la mort, la souffrance voudront être ses seules compagnes mais c'était sans compter sans son étonnante pulsion de vie ! Il va, par la découverte de soi – psychologique, voire spirituelle –, par une écoute de son corps qu'il soutient grâce à l'homéopathie, la diététique, donner à la vie la possibilité de gagner. Ce sont les leçons de ce combat qu'il tient aujourd'hui, avec humour et philosophie, à faire partager.

Cet ouvrage a été réalisé par la
SOCIÉTÉ NOUVELLE FIRMIN-DIDOT
Mesnil-sur-l'Estrée
pour le compte des Éditions Robert Laffont
en février 1998

Imprimé en France
Dépôt légal : février 1998
N° d'édition : 38538 – N° d'impression : 41099